DIE PROBLEME DER ARBEIT

SCIENTOLOGY AUF DEN BEREICH DES ALLTAGS ANGEWANDT

DIE PROBLEME DER ARBEIT

SCIENTOLOGY AUF DEN BEREICH DES ALLTAGS ANGEWANDT

L. RON HUBBARD

Bridge Publications, Inc.

EINE HUBBARD® VERÖFFENTLICHUNG

Veröffentlicht von
Bridge Publications, Inc.
4751 Fountain Avenue
Los Angeles, California 90029

ISBN 978-1-4031-4570-3

GERMAN - THE PROBLEMS OF WORK

Gedruckt in den Vereinigten Staaten von Amerika

SCIENTOLOGY: Ein System von organisierten Axiomen, welche die Probleme der Seele, des Lebens und Denkens lösen. Es wurde durch die Anwendung der Methodologie der exakten Wissenschaften auf die Geisteswissenschaften durch L. Ron Hubbard entwickelt.

Der Ausdruck *Scientology* ist dem lateinischen Wort *scio* (wissen im wahrsten Sinne des Wortes) und dem griechischen Wort *logos* (Studium von) entnommen. Scientology wird weiterhin definiert als das Studium und die Handhabung der Seele in Beziehung zu sich selbst, zu Universen und anderem Leben.

DIANETIK: Ein Vorläufer und eine Vorstudie der Scientology.

Dianetik kommt von den griechischen Wörtern *dia* (durch) und *nous* (Verstand und Seele). Dianetik ist, was die Seele dem Körper antut.

Wichtiger Hinweis

Achten Sie beim Lesen dieses Buches sehr sorgfältig darauf, dass Sie niemals über ein Wort hinweggehen, das Sie nicht vollständig verstehen. Der einzige Grund, warum jemand ein Studium aufgibt, verwirrt oder lernunfähig wird, liegt darin, dass er über ein nicht verstandenes Wort hinweggegangen ist.

Die Verwirrung oder die Unfähigkeit, etwas zu begreifen oder zu lernen, entsteht NACH einem Wort, das man nicht definiert und verstanden hat. Es können nicht nur die neuen und ungewöhnlichen Wörter missverstanden sein, die Sie nachschlagen müssen. Auch bei ganz gebräuchlichen Wörtern kann es häufig vorkommen, dass man eine falsche Definition dafür hat und sie daher Verwirrung stiften.

Diese Information, dass man über ein undefiniertes Wort nicht hinweggehen sollte, ist die wichtigste Tatsache auf dem ganzen Gebiet des Studierens. Jedes Fachgebiet, dessen Studium Sie angefangen und dann aufgegeben haben, enthielt Wörter, für die Sie keine Definition hatten.

Achten Sie also beim Studieren dieses Buches sehr, sehr sorgfältig darauf, dass Sie niemals über ein Wort hinweggehen, das Sie nicht vollständig verstehen. Wenn der Stoff verwirrend wird oder Sie ihn anscheinend nicht begreifen können, wird es kurz davor ein Wort geben, das Sie nicht verstanden haben. Gehen Sie nicht weiter, sondern gehen Sie VOR den Punkt zurück, an dem Sie in Schwierigkeiten gerieten, finden Sie das missverstandene Wort und sehen Sie zu, dass Sie seine Definition bekommen.

Glossar

Als Hilfe für das Verstehen des Lesers wies L. Ron Hubbard die Herausgeber an, ein Glossar zur Verfügung zu stellen. Dieses ist im Anhang enthalten - im *Herausgeber-Glossar von Wörtern, Fachausdrücken und Wendungen.* Wörter haben manchmal mehrere Bedeutungen. Das *Herausgeber-Glossar* enthält nur die Definitionen der Wörter, wie sie in diesem Text verwendet werden. Weitere Definitionen des Wortes können in Standard-Sprachwörterbüchern oder in Dianetik- und Scientology-Wörterbüchern gefunden werden.

Wenn Sie irgendwelche anderen Wörter finden, die Sie nicht kennen, schlagen Sie sie in einem guten Wörterbuch nach.

DIE PROBLEME DER ARBEIT

INHALTSVERZEICHNIS

Einführung

Scientology, die umfassende Wissenschaft über das Leben, hat viele Anwendungsmöglichkeiten.

Wenn Sie wüssten, was das Leben macht, würden Sie wissen, was viele Wissenschaften und Aktivitäten machen.

Hier haben wir Scientology, um dem Arbeiter und der Führungskraft zu helfen, dem Menschen in der Welt des Arbeitsalltags zu helfen, kompetenter, fähiger und weniger müde zu sein und sich sicherer zu fühlen.

Scientology wird bereits in vielen größeren Unternehmen auf der Welt verwendet. Sie haben herausgefunden, dass sie ihnen nützen kann.

L. Ron Hubbard

KAPITEL EINS

Wovon hängt das Halten einer Arbeitsstellung ab?

KAPITEL EINS

WOVON HÄNGT DAS HALTEN EINER ARBEITSSTELLUNG AB?

WOVON HÄNGT DAS HALTEN einer Arbeitsstellung ab?

Von familiären Verbindungen? Davon, wen man kennt? Von persönlichem Charme? Glück? Ausbildung? Fleiß? Interesse? Intelligenz? Persönlichen Fähigkeiten?

Für den, der in der Arbeitswelt alt und sogar irgendwie zynisch geworden ist, scheinen die ersten die wichtigeren zu sein. Nur die Jungen scheinen sich noch der Illusion oder der Selbsttäuschung hinzugeben, dass persönliche Fähigkeit, Intelligenz, Interesse, Ausbildung und Fleiß etwas damit zu tun haben. Und die sehr großen Zyniker möchten uns glauben machen, dass es sich hier tatsächlich nur um die Symptome davon handelt, dass man sehr jung ist.

Wir haben zu häufig erlebt, wie der Sohn zum Vorarbeiter wurde und der frisch gebackene Schwiegersohn, gestern noch ein Angestellter im Versand, urplötzlich zum Mitglied des Vorstandes avancierte. Dabei haben wir allzu oft gewusst, dass der betreffende Sohn und Schwiegersohn nicht nur keinerlei Eignung aufwiesen, sondern auch ohne Furcht vor Zurechtweisung Firmenangelegenheiten nachlässiger behandelten als der schlechteste der anwesenden Angestellten. Familiäre Verbindungen sind ein Faktor, der vom Zufall abhängt, als was man geboren wird - eher ein Zufall, wie er allzu oft vorkommt, als eine Verurteilung zu unfreiwilliger Abstammung.

Aber was bleibt übrig, wenn wir die Frage der familiären Verbindungen vorläufig beiseitelassen?

Da ist der Faktor dessen, wen man kennt. Persönliche Beziehungen sind äußerst wichtig, um eine Stellung zu erlangen, zu behalten und zu verbessern. Darüber kann es keinen Zweifel geben. Man hat einen Freund, der für die XY-Firma arbeitet; der Freund weiß von einer offenen Stelle; er hat andere Freunde und diese haben noch andere Freunde - und so kann man sich in der Firma XY niederlassen, in relativer Sicherheit und mit etwas Hoffnung auf einen Aufstieg arbeiten.

Dann gibt es noch die Frage des persönlichen Charmes. Wie oft haben wir gesehen, wie die junge Stenotypistin, die nicht einmal „Katze" buchstabieren konnte, plötzlich zur Chefsekretärin wurde, obwohl sie noch immer mit zwei linken Händen tippte; sie kann dann zwar immer noch nicht „Katze" buchstabieren, aber sie kann sicherlich „Aufstieg" und noch einmal Aufstieg und vielleicht sogar „eleganter Klub" oder „Diamantkollier" buchstabieren. Und wir haben auch den jungen Menschen mit einer guten „Fassade" gesehen, wie er über seine Vorgesetzten aufstieg, weil er vielleicht den passenden Witz erzählen konnte oder es verstand, beim Golf knapp zu verlieren.

Wir haben auch gesehen, wie der Faktor der Ausbildung in Firmen und Regierungen ganz in die verkehrte Richtung abglitt - der Ausgebildete, der, wenn auch sehr auf Kosten seiner Sehkraft, mehr Wissen erworben hatte, als er Anerkennung dafür bekam, wurde von irgendeinem Kerl, der keinerlei Bildungsabschluss, sondern nur Beziehungen aufweisen konnte, doch überholt. Wir haben gesehen, wie der Ungeschulte verrückt Befehle an Millionen erteilt und wie der Weise nur zwanzig Leuten Ratschläge gibt.

Der Fleiß scheint für die paar Zyniker unter uns, die schon vieles erlebt haben, ebenso eine geringe Rolle zu spielen. Der Eifer der Jungen, hart zu arbeiten, wird allzu oft von den Älteren gebremst, die sagen: „Warum willst du dich dabei so abrackern, junger Freund? Das bleibt sich doch alles gleich." Und vielleicht haben wir Überstunden gemacht und uns mit Tinte beschmiert oder haben an unserem Posten länger ausgeharrt, als irgendeine Pflicht es erforderte, und mussten dann erleben, wie später der Faule, den wir verachteten, das bessere Gehalt bezog. Und wir haben gesagt, das sei keine Gerechtigkeit - das sei etwas Geringeres als das.

Wir haben auch gesehen, wie Interesse nichts fruchtete. Wenn unser Vertieftsein in das tödliche Spiel zwischen unserer „Firma oder unserer Gemeinschaft und ihren Konkurrenten" uns dazu zwang, unsere eigene Frau oder unser Privatleben unbeachtet beiseitezuschieben, und wenn wir die Nacht und unsere Freizeit damit verbrachten, Lösungsmöglichkeiten für die Rettung unserer Firma auszuarbeiten, und sie einreichten, wenn diese unbeachtet zurückgeschickt wurden und wir bald darauf beobachteten, wie unser Kollege befördert wurde, dessen einziges Interesse einem Mann oder „Kohle" und in keiner Weise der Firma galt - glaubten wir Grund für ein geringeres Interesse zu haben. Und das Interesse an unserer Arbeit wurde von denjenigen in unserer Umgebung verurteilt, die, weil sie nichts davon verstanden, es leid wurden, dass wir ständig davon sprachen.

Der Intelligenz scheint nach dieser unablässigen Parade zerbrochener Illusionen keinerlei Bedeutung für unser Schicksal zuzukommen. Wenn wir sehen, wie der Dumme die Vielen befehligt, wenn wir sehen, wie Pläne und Entscheidungen angenommen werden, die selbst von den Kindern dieser Arbeiter verurteilt worden wären, fragen wir uns, was das noch mit Intelligenz zu tun haben könnte. Besser dumm sein, so könnten wir denken, als ständig unseren Geist durch die Dummheiten schockieren zu lassen, die als Firmenpläne gelten.

Es scheint so, als wäre persönliche Fähigkeit eine reine Verschwendung gegenüber diesem reißenden Strom, diesem verwirrenden Chaos willkürlicher Gründe für Beförderungen und bessere Bezahlung. Wir haben gesehen, wie unsere eigene Fähigkeit vergeudet wurde. Wir haben gesehen, wie die Fähigkeiten anderer missachtet wurden. Wir haben gesehen, wie Unfähige vorankamen, während die Fähigen unbeachtet oder gar arbeitslos blieben. Also scheint persönliche Fähigkeit für uns, die wir kleine Zahnräder im krachenden Getriebe des Arbeitsschicksals sind, nicht mehr der Faktor zu sein, der sie einst war. Somit ist es sicherlich Glücksache und von vorne bis hinten nichts als Glücksache.

Und so scheint es, selbst für ein „erfahrenes" Auge, den Anschein zu haben, dass das Erlangen, Beibehalten und Verbessern einer Stellung ganz von einem Chaos von Ursachen abhängig sei, die sich allesamt unserer Kontrolle entziehen. Statt einer ordnungsgemäßen Zukunftserwartung akzeptieren wir eine auf uns herabstürzende Unmenge an „Zufälligkeiten" als unser Schicksal.

Wir strengen uns ein wenig an. Wir kleiden uns gut und sauber, um uns für eine Stellung zu bewerben; wir bringen uns selbst täglich an den Arbeitsplatz, hantieren mit den Papieren, Kästen oder Maschinenteilen in einer Weise, dass es hoffentlich durchgehen wird. Wir fahren in überfüllten Verkehrsmitteln nach Hause und erwarten einen weiteren Tag stumpfsinniger Plage.

Gelegentlich beginnen wir mit einem Fernkurs, um uns einen kleinen Vorteil gegenüber unseren Kollegen zu verschaffen - und geben ihn häufig vor dem Ende auf. Es scheint, als könnten wir nicht einmal diese Kleinigkeit schaffen, um uns auf unserem Weg gegen diese Flut von Zufälligkeiten weiterzuhelfen.

Wir werden krank. Unser Krankenurlaub ist abgelaufen. Noch kaum erholt, stehen wir nun ohne Stellung da. Wir werden Opfer einer zufälligen Intrige oder böswilliger Verleumdung und sind ohne Stellung. Uns werden Arbeiten aufgebürdet, die wir nicht vollbringen können, und wieder sind wir ohne Arbeit. Wir werden zu alt; wir verbringen unsere Zeit damit, uns daran zu erinnern, wie schnell wir einmal waren, und eines Tages sind wir ohne Stellung.

Das Schicksal des Menschen in der Alltagswelt ist *Ungewissheit.* Sein Ziel ist *Sicherheit.* Aber nur wenige erreichen dieses Ziel. Wir Übrigen sorgen uns Tag für Tag und Jahr für Jahr um unsere Fähigkeit, Arbeit zu bekommen, zu behalten und unser Los zu verbessern. Und allzu häufig treten unsere schlimmsten Befürchtungen ein.

Einst hatten wir die Reichen, auf die wir schauen und die wir beneiden konnten. Aber nun hat sich selbst deren Zahl aufgrund der uns auferlegten Steuern verringert, trotz ihrer geschickten Buchhalter. Staaten und Regierungen steigen auf und versprechen uns jede Sicherheit, verhängen dann aber Restriktionen, die auch das unsicher erscheinen lassen.

Tag für Tag werden unserem Bewusstsein neue Drohungen auferlegt. In einer Welt, in der die Maschine König ist, wird der Mensch zu einem Rädchen. Man erzählt uns von neuen Entwicklungen, die die Arbeit von Tausenden von uns übernehmen, und so hungern wir.

Die Reklame schleudert uns - in unseren öffentlichen Verkehrsmitteln und Zeitungen, auf den Straßen, im Radio und Fernsehen - alle möglichen Dinge zu, die es zu besitzen gilt. Und gleichgültig, wie schön es wäre,

„In einer Welt, in der die Maschine König ist,
wird der Mensch zu einem Rädchen.
Man erzählt uns von neuen Entwicklungen,
die die Arbeit von Tausenden von uns
übernehmen, und so hungern wir."

sie zu besitzen, *wir,* die wir sie herstellen, können sie nicht besitzen - nicht mit unserem Gehalt. Und zu Weihnachten sind wir ein wenig beschämt darüber, wie wenig wir kaufen können, und wir beschließen, dass der Mantel es noch ein weiteres Jahr tun muss. Die Jahre gehen vorüber, und wir werden nicht jünger. Jede Stunde konfrontiert uns mit den Zufällen, die unsere Zukunft positiv oder negativ bestimmen könnten. Kein Wunder, dass wir einzig und allein an *Glück* glauben.

Nun, da liegt das Problem.

Um zu essen, müssen wir eine Stellung haben. Um zu leben, müssen wir für unsere Stellungen weiterhin annehmbar bleiben. Um unsere Lage zu verbessern, müssen wir auf günstige Zufälle hoffen. Und das alles erscheint wie ein riesiges, entmutigendes Durcheinander, das aus Zufällen, Glück und Pech oder Schufterei besteht, ohne am Ende irgendwelche Erfolgsaussichten zu haben.

Was würden Sie für etwas bieten, das Sie aus diesen Geleisen herausbringt? Vielleicht sind Sie nicht drin. Aber in diesem Fall können Sie sich glücklich schätzen. Um diesen Geleisen zu entkommen, haben die Menschen die blutigsten Kriege und Revolutionen der Geschichte geführt. Ganze Dynastien sind in einer überwältigenden Erschütterung, die aus der Verzweiflung geboren wurde, zu Staub reduziert worden. Stellungen werden knapp. Stellungen zu behalten hängt immer mehr von Zufällen ab. Schließlich kann niemand mehr die Strapazen der Unsicherheit ertragen, und die Lösung ist rohe, rote Revolution. Und führt das zu irgendetwas? Nein. Eine Revolution ist diejenige Handlung, eine Tyrannei durch eine andere Tyrannei zu ersetzen, die zehnmal despotischer als die frühere ist. Das Wechseln von Regierungen, nicht einmal das Wechseln der Firma, kann grundlegende Sicherheit verändern.

Die Suche nach Sicherheit ist eine Suche nach Dauerhaftigkeit und Frieden. Ein Arbeiter verdient diese Dinge. Er schafft die Güter. Er sollte die nötigen Mittel zum Leben haben. Stattdessen hat er ein Chaos.

Aber wo liegt dieses Chaos? Ist es in der Familie des Arbeiters? Das meinen einige. Liegt es im Wesen des Kapitals? Einige sagen das. Ist dieses Chaos Ausgeburt einer schlechten Regierung? Viele haben das gesagt. Liegt es im Arbeiter selbst? Manche wollen ihn das glauben machen.

Nein, die Ursache liegt in keinem dieser Dinge. Das Chaos der Unsicherheit lebt in dem Chaos der Informationen über Arbeit und über Menschen. Wenn man keinen Kompass hat, mit dessen Hilfe man durch das Leben steuern könnte, verirrt man sich. Es sind so viele neue Elemente - des Industriezeitalters - ins Leben getreten, dass es notwendig wird, das Leben selbst besser zu verstehen.

Arbeit und Sicherheit sind Teile des Lebens. Wenn man das Leben nicht begreift, wird man keinen dieser beiden Teile des Lebens verstehen. Wenn das gesamte Leben chaotisch erscheint - eine Sache von Vermutungen und Zufällen -, dann wird auch die Arbeit ganz gewiss chaotisch erscheinen.

Aber die Rolle der Arbeit im Dasein ist größer als jede andere. Manche Leute sagen, dass wir ein Drittel unseres Lebens im Bett verbringen und dass Betten daher wichtig seien. Aber wir verbringen mehr als ein Drittel unseres Lebens bei der Arbeit. Und wenn wir nicht arbeiten, haben wir kein Bett. Deshalb scheint die Arbeit bei Weitem das Wichtigere zu sein. Wenn man die verschiedenen Teile des Lebens zusammenzählt, die Liebe, den Sport oder das Vergnügen, so wird man feststellen, dass die meiste Konzentration nicht auf diese Dinge, sondern auf die *Arbeit* gerichtet ist. Die Arbeit spielt die Hauptrolle in unserem Dasein, ob uns das gefällt oder nicht. Wenn wir sie nicht mögen, dann mögen wir das Leben nicht.

Wenn wir auf jemanden stoßen, der ein wenig geisteskrank ist, müssten wir gemäß alten -ologien Nachforschungen über sein Liebesleben oder über seine Kindheit anstellen. Eine neuere und bessere Idee besteht darin, nachzuforschen, wie es um seine Sicherheit und seine Arbeitsbedingungen steht. Wenn die Sicherheit in einem Staat schlecht wird, steigt die Zahl der Geisteskranken. Wenn wir das nationale Problem der Geisteskrankheit in Angriff zu nehmen und zu bewältigen hätten, würden wir nicht bessere Anstalten für Geisteskranke bauen - wir würden die Arbeitssituation verbessern.

Das Leben besteht zu sieben Zehnteln aus Arbeit. Ein Zehntel gehört der Familie, ein Zehntel der Politik und ein Zehntel der Entspannung. Wirtschaftliche Fragen - der Kampf um den Lohn - machen sieben Zehntel des Daseins aus. Wenn man einem Menschen sein Einkommen oder seine Arbeitsstelle wegnimmt, wird man ihn gewöhnlich in einer schlechten geistigen Verfassung finden. Falls wir hierfür irgendwo Beweise finden wollen, dann werden wir sie überall finden.

Die Sorge um die Sicherheit, die Sorge um den Wert der eigenen Besitztümer, Sorgen darüber, wie man anderen im Leben helfen kann, sind die wesentlichen Existenzsorgen.

Wir wollen es einfach ausdrücken: Leute, die nichts zu tun haben, Leute ohne Zielsetzung werden sehr leicht neurotisch oder geisteskrank. Arbeit ist im Grunde keine Schufterei. Sie ist etwas, das zu tun ist. Unser Gehalt sagt uns, dass wir etwas wert sind. Und natürlich erkauft es uns alles, was wir zum Leben brauchen. Oder fast alles.

Nun gut, die Sicherheit der Arbeitsstellung ist somit wichtig. Aber Sicherheit selbst ist Verstehen. Unsicherheit ist *Unwissenheit.* Wenn man unsicher ist, dann weiß man einfach etwas nicht. Man ist sich nicht sicher. Menschen, die *wissen,* sind sicher. Menschen, die nicht wissen, glauben an das Glück. Man wird verunsichert, wenn man nicht weiß, ob man entlassen wird oder nicht. Deshalb macht man sich Sorgen. So ist es mit aller Unsicherheit.

UNSICHERHEIT BESTEHT IN ABWESENHEIT VON WISSEN.

Alle Sicherheit leitet sich von Wissen ab. Man *weiß,* dass man versorgt sein wird, was auch immer geschehen mag. Das ist eine Sicherheit. Ohne sicheres Wissen könnte es aber auch ein Trugschluss sein.

Glück ist Zufall. Sich auf Glück zu verlassen bedeutet, sich auf Nicht-Wissen zu verlassen.

Aber wie könnte man in Wahrheit Wissen über das Leben besitzen, wenn das Leben selbst als Wissen nicht in Ordnung gebracht worden ist? Wenn das Fachgebiet Leben selbst ein Chaos ist, wie könnte die Arbeit als Teil des Lebens dann etwas anderes als ein Chaos sein?

Wenn *Livingness* ein unbekanntes Fachgebiet ist, dann muss *Workingness* und alles, was zur Arbeit gehört, ein unbekanntes Fachgebiet sein, das Zynismus, Hoffnungslosigkeit und der Raterei ausgesetzt ist.

Um eine Stellung zu bekommen, zu behalten und zu verbessern, müsste man die genauen, präzisen Regeln des Lebens kennen, um vollständige Sicherheit zu haben. Es würde nicht ausreichen, seine Arbeit einigermaßen gut zu beherrschen. Das wäre keine Sicherheit, denn mit der Zeit würden wir sehen, dass zu viele Zufälle ins Spiel kämen - wie wir bereits aufgeführt haben.

„Unsicherheit besteht in Abwesenheit von Wissen.“

Die Kenntnis der dem Leben zugrunde liegenden allgemeinen Regeln würde eine Sicherheit im Leben geben. Die Kenntnis der dem Leben zugrunde liegenden allgemeinen Regeln würde auch eine Sicherheit in der Arbeitsstellung herbeiführen.

Scientology ist eine Wissenschaft über das Leben. Sie ist die erste völlig westliche Bestrebung, das Leben zu verstehen. Alle früheren Bestrebungen kamen aus Asien oder aus Osteuropa. Und sie versagten. Keine von ihnen gab eine größere Sicherheit. Keine von ihnen konnte das menschliche Verhalten zum Besseren verändern. Keine von ihnen - und sie brüsteten sich damit - konnte die menschliche Intelligenz verändern. Scientology ist etwas noch nie Dagewesenes. Aber so jung, wie sie ist, ist sie dennoch die einzige Wissenschaft über das Dasein, die vollständig und gründlich geprüft und bestätigt worden ist. Es ist nicht nötig, zwanzig Jahre auf Nägeln zu sitzen, um herauszufinden, dass man sterblich ist. Es bedarf keines ausgedehnten Studiums von Ratten, um zu wissen, dass der Mensch verwirrt ist.

Scientology kann das menschliche Verhalten zum Besseren verändern, und sie tut es auch. Sie bringt das Individuum unter dessen eigene Kontrolle - wohin es gehört. Scientology kann die menschliche Intelligenz steigern und tut dies auch. Durch die genauesten bekannten Tests wurde bewiesen, dass Scientology die Intelligenz eines Individuums in starkem Maße steigern kann. Und Scientology kann noch andere Dinge tun. Sie kann jemandes Reaktionszeit verringern und sie kann einen um Jahre jünger erscheinen lassen. Aber wir haben hier nicht die Absicht aufzuzählen, was sie alles kann. Scientology ist eine Wissenschaft vom Leben und sie funktioniert. Sie behandelt in angemessener Weise die Grundregeln des Lebens und bringt Ordnung in das Chaos.

Eine Wissenschaft über das Leben wäre eigentlich eine Wissenschaft des einwandfreien Zustandes. Dinge wie Zufälle und Glück wären unter Ihrer Kontrolle, wenn Sie nur die ihnen zugrunde liegenden Prinzipien verstehen könnten.

Wie wir hier gesehen haben, können selbst jene, die nicht zynisch sind, sehen, dass viele Zufälle mitspielen, wenn es darum geht, eine eigene Stellung zu bekommen, zu behalten und zu verbessern. Einige dieser Zufälle scheinen so weitreichend und so unkontrollierbar, als ob überhaupt nichts in Bezug auf sie unternommen werden könnte.

Wenn wir doch nur die Zufälligkeit bei einer Stellung vermindern könnten, wenn wir uns mit den richtigen Leuten anfreunden und sicher sein könnten, dass unsere Ausbildung eine Rolle spielen würde, und wenn wir ein wenig Gewissheit hätten, dass unser Interesse, unsere Intelligenz und unsere natürlichen Fähigkeiten nicht ganz verschwendet sein würden - ja, dann stünden die Dinge besser, nicht wahr?

Nun, wir werden sehen, was die Scientology tun kann, um die Zufälligkeit der Alltagswelt zu vermindern - für Sie und Ihre Bekannten.

Worum geht es im Leben überhaupt?

KAPITEL ZWEI

Wie man mit den Verwirrungen im Alltag umgeht

KAPITEL ZWEI

Wie man mit den Verwirrungen im Alltag umgeht

Wir haben gesehen, wie man zu der Auffassung gelangen kann, dass es etwas Verwirrendes sei, seine Karriere in der Arbeitswelt selbst zu lenken. Und es ist auch verwirrend für jemanden, der nicht mit Reiseführern und Karten ausgerüstet ist.

Im Grunde schien das alles sehr einfach, diese Sache, die man Arbeit oder eine Arbeitsstelle bekommen nennt. Man wurde für irgendeine Fertigkeit ausgebildet und man las eine Anzeige oder man wurde von einem Freund geschickt und hatte ein Bewerbungsgespräch. Man bekam die Stelle und fand sich dann jeden Tag ein, erledigte die zugewiesenen Aufgaben und hoffte mit fortschreitender Zeit auf eine Gehaltserhöhung. Mit noch weiter fortschreitender Zeit hoffte man auf eine Pension oder ein Regierungssystem, das einem eine Altersrente zahlen würde. Das war das einfache Schema dazu.

Aber die Zeiten ändern sich, und einfache Schemata werden häufig in Unordnung gebracht. Die verschiedenen Vorkommnisse und Zufälligkeiten des Schicksals traten in Erscheinung. Völlig unabhängig von persönlichen Faktoren verändern umfassendere Gesichtspunkte die Gegebenheiten. Die Regierung gibt in Zeiten weitreichender Einsparungen keine angemessenen Pensionen. Der Betrieb, für den man arbeitet, wird in Zeiten einer Wirtschaftskrise erschüttert. Oder die eigene Gesundheit versagt aus unerklärlichen Gründen und man ist auf die Fürsorge angewiesen.

Der Arbeiter in seiner Alltagswelt ist kein gewaltiger Riese inmitten seiner vielen Feinde. Der „trügerisch goldene Pfad“, der von „Aufrührern“ so geschickt skizziert wird, die große Zuneigung dieser oder jener Ideologie oder politischen Figur für den Arbeiter entspricht nicht den Tatsachen. Ein Mensch an seiner Arbeitsstelle sieht sich Schwierigkeiten gegenüber, die für ihn groß genug sind, gleichgültig, wie gering sie einem erfolgreichen Industriellen erscheinen mögen. Ein paar Prozent mehr Steuern können bedeuten, dass er daraufhin auf kleine Freuden verzichtet. Wenn für den Betrieb schlechte Zeiten hereinbrechen, dann gibt es vielleicht eine geringere Bezahlung und mancher oder auch aller Luxus und sogar manches Notwendige wird fehlen - oder der Arbeitsplatz wird verloren gehen.

Der Arbeiter, der sich am Wirkungspunkt internationaler Strömungen, Regierungen, Geschäftsentwicklungen und Märkte befindet, die in der Regel alle außerhalb seines Interesses liegen, hat das absolute Recht zu glauben, dass sein Schicksal nicht ganz vorhersagbar ist. Ja, er mag sogar ein Recht dazu haben, verwirrt zu sein.

Ein Mensch kann in wenigen Tagen verhungern. Wenige Arbeiter haben einen Spielraum von mehr als ein paar Tagen, wenn sich die Verhältnisse ändern. So werden viele Dinge, die für die stark Abgesicherten kein großes Problem darstellen, von den Arbeitern als Bedrohung betrachtet. Und diese Dinge können so zahlreich werden, dass einem das ganze Leben zu verwirrt erscheint, um es ertragen zu können, und man sinkt ohne große Hoffnung in eine Apathie des Alltagstrotts ab und vertraut darauf, dass der nächste Sturm, mit etwas Glück, an einem vorüberziehen wird.

Wenn man die vielen Faktoren betrachtet, die das eigene Leben verwirren und die eigene Sicherheit untergraben könnten, scheint der Eindruck von „Verwirrung“ wohlbegründet zu sein. Und es kann wahrhaftig gesagt werden, dass alle Schwierigkeiten in ihrem innersten Wesen Verwirrungen sind. Wenn genügend Bedrohung da ist, genügend Unbekanntes, zieht ein Mensch den Kopf ein und versucht sich blind durchzumanövrieren. Er ist von Verwirrungen überwältigt worden.

Genügend ungelöste Probleme summieren sich zu einer riesigen Verwirrung. Es geschieht immer wieder, dass ein Arbeiter bei seiner Arbeit aufgrund einer genügend großen Anzahl widersprüchlicher Anweisungen in einen Zustand der Verwirrung gerät. Die Verwaltung einer modernen Fabrik kann so schlecht sein, dass das Ganze wie ein riesiges Durcheinander erscheint, bei dem keine Lösung möglich ist.

Glück ist die übliche Lösung, zu der man in einer Verwirrung Zuflucht nimmt. Wenn die Kräfte um einen herum zu stark erscheinen, kann man sich immer „auf sein Glück verlassen". Unter Glück verstehen wir „Geschick, das nicht von einem selbst bestimmt wird". Wenn man ein Rad am Auto löst und hofft, dass das Auto mit Glück auf der Straße bleibt, erlebt man oft eine Enttäuschung. Und so ist es auch im Leben. Die Dinge, die man dem Zufall überlässt, werden sich mit geringerer Wahrscheinlichkeit lösen.

Man hat gesehen, wie ein Freund die Augen vor den Schuldeneintreibern schließt und zähneknirschend hofft, dass er beim Pferderennen gewinnen und somit all seine Probleme lösen wird. Man hat Leute gekannt, die ihr Leben jahrelang auf diese Art geführt haben. Ja, einer der großen Charaktere von Dickens lebte ganz nach der Philosophie zu „warten, dass sich etwas ergibt". Aber während wir zugeben, dass das Glück in der Tat ein mächtiges Element *darstellt,* ist es nur innerhalb eines starken Stroms verwirrender Faktoren nötig. Wenn man *Glück* braucht, um durchzukommen, dann heißt das, dass man nicht mehr am Steuer seines eigenen Wagens sitzt. Und das heißt außerdem, dass man es mit einer Verwirrung zu tun hat.

Eine Verwirrung kann definiert werden als „eine beliebige Reihe von Faktoren oder Umständen, für die es keine sofortige Lösung zu geben scheint".

Allgemeiner gefasst:

EINE VERWIRRUNG IN DIESEM UNIVERSUM IST ZUFALLSBEWEGUNG.

Wenn man inmitten eines starken Verkehrs stehen müsste, würde man sich von all den schwirrenden Bewegungen um einen herum vermutlich verwirrt fühlen. Wenn man in einem schweren Unwetter ausharren müsste, in dem Blätter und Papier an einem vorbeijagen, würde man sich wahrscheinlich verwirrt fühlen.

Ist es möglich, eine Verwirrung tatsächlich zu verstehen? Gibt es so etwas wie einen „Aufbau von Verwirrung"? Ja, den gibt es.

Wenn bei einer Telefonistin zehn Anrufe gleichzeitig eintreffen, würde sie sich vielleicht verwirrt fühlen. Aber gibt es eine Lösung für die Situation?

Wenn man als Vorarbeiter drei Notfälle und einen Unfall gleichzeitig hätte, könnte man sich verwirrt fühlen. Aber gibt es eine Lösung dafür?

Eine Verwirrung ist nur so lange eine Verwirrung, wie *alle* Partikel in Bewegung sind. Eine Verwirrung ist nur so lange eine Verwirrung, wie *kein* Faktor klar definiert oder verstanden ist.

Verwirrung ist die Grundursache für Dummheit. Für den Dummen sind alle Dinge verworren, außer den ganz einfachen. Würde man den Aufbau von Verwirrung also kennen, wäre man, gleichgültig, wie intelligent man ist, noch intelligenter.

Wenn Sie je die Aufgabe hätten, einen jungen, nicht allzu intelligenten Aspiranten zu unterrichten, würden Sie das gut verstehen. Sie versuchen zu erklären, wie dies und jenes funktioniert. Sie erklären es wieder und wieder und wieder. Und dann lassen Sie ihn allein loslegen und sofort vermasselt er alles vollständig. Er „hat es nicht verstanden“, er „hat es nicht begriffen“. Sie können Ihr eigenes Verstehen seines Missverstehens vereinfachen, indem Sie ganz zutreffend bemerken: „Er war verwirrt.“

Neunundneunzig Prozent aller Ausbildung versagt, wenn sie versagt, deshalb, weil der Student verwirrt war. Und nicht nur im Bereich der Arbeit, sondern auch im Leben selbst. Wenn Versagen droht, ist es auf die eine oder andere Weise aus Verwirrung geboren. Um Maschinen kennenzulernen oder das Leben zu leben, muss man fähig sein, der Verwirrung entweder standzuhalten oder sie auseinanderzunehmen.

Wir haben in der Scientology einen bestimmten Lehrsatz über Verwirrung. Er heißt:

DER LEHRSATZ DES STABILEN DATUMS.

Würde man sehr viele Papierfetzen in einem Zimmer umherwirbeln sehen, wäre ihr Anblick so lange verwirrend, bis man *ein* bestimmtes Stück Papier dazu auserwählt hätte, *das* Stück Papier zu sein, in Bezug auf das alles andere in Bewegung ist. Mit anderen Worten, eine verwirrende Bewegung kann begriffen werden, indem man sich ein Ding als bewegungslos vorstellt.

„Eine Verwirrung ist nur so lange eine Verwirrung,
wie alle Partikel in Bewegung sind."

In einem Verkehrsstrom wäre alles eine Verwirrung, wenn man sich nicht *ein* Auto in Beziehung zu den anderen Autos als unbeweglich vorstellte und so andere in Beziehung zu dem einen sähe.

Die Telefonistin, die zehn Anrufe auf einmal bekommt, löst die Verwirrung, indem sie - zu Recht oder Unrecht - einen *bestimmten* Anruf als den bezeichnet, dem sie sich zuerst zuwenden sollte. Die Verwirrung wegen „zehn gleichzeitiger Anrufe" lässt in dem Moment nach, in dem sie einen der Anrufe zur Beantwortung aussucht.

Der Vorarbeiter, der mit drei Notfällen und einem Unfall konfrontiert ist, muss nur den *ersten* Gegenstand für seine Aufmerksamkeit auswählen, um den Zyklus der Wiederherstellung der Ordnung in Gang zu setzen.

Erst wenn man *ein* Datum, *einen* Faktor, *eine* Einzelheit aus einem Durcheinander von Partikeln auswählt, hört die Verwirrung auf. Das *eine,* das man auswählt und benutzt, wird für das Übrige zum *stabilen Datum.*

Spezieller und genauer gesagt, jedes Wissensgebäude beruht auf *einem Datum.* Das ist dessen *stabiles Datum.* Wenn Sie dieses abwerten, dann fällt das gesamte Wissensgebäude zusammen. Ein stabiles Datum braucht nicht das korrekte stabile Datum zu sein. Es ist lediglich dasjenige, das die Dinge davon abhält, in einer Verwirrung zu sein, und an dem andere ausgerichtet sind.

Wenn ein junger Lehrling bei der Belehrung über den Gebrauch einer Maschine Ihre Anweisungen nicht begriffen hat, so lag dies daran, dass ihm ein stabiles Datum fehlte. Ihm muss zunächst *eine Tatsache* klargemacht werden. Wenn er die begriffen hat, kann er andere begreifen. Man ist also in einer verwirrenden Situation so lange dumm oder verwirrt, bis man *eine Tatsache* oder *einen Gegenstand* vollständig begriffen hat.

Gleichgültig, wie groß und ungeheuer Verwirrungen erscheinen mögen, sie sind immer aus Daten, Faktoren oder Partikeln zusammengesetzt. Sie bestehen aus Teilen. Man erfasse *einen* Teil oder bestimme seine Lage gründlich. Daraufhin betrachte man, wie die anderen in Beziehung dazu funktionieren, und man hat die Verwirrung stabilisiert. Und wenn man die *anderen* Dinge auf das bezieht, was man begriffen hat, wird man bald die Verwirrung in ihrer Gesamtheit gemeistert haben.

Wenn Sie einem Jungen beibringen, eine Maschine zu bedienen, sollten Sie ihm nicht eine Flut von Informationen an den Kopf werfen und ihn dann auf seine Fehler aufmerksam machen - das ist für ihn Verwirrung und bringt ihn dazu, dumm zu reagieren. Finden Sie irgendeinen Einstiegspunkt zu seiner Verwirrung, finden Sie *ein Datum.* Sagen Sie ihm: „Das ist eine Maschine." Es mag sein, dass alle Anweisungen jemandem entgegengeschleudert wurden, der keine echte Sicherheit, keine wirkliche Ordnung im Leben besaß. „Das ist eine Maschine", sagen Sie. Dann lassen Sie ihn sich überzeugen. Lassen Sie ihn sie anfassen, daran herumspielen, daran rücken. Sagen Sie ihm: „Das ist eine Maschine." Und Sie werden überrascht sein, wie lange das dauern kann, aber Sie werden auch überrascht sein, wie seine Sicherheit wächst. Von allen Komplexitäten, die er lernen muss, um sie zu bedienen, muss er zuerst *ein Datum* wissen. Es ist nicht einmal wichtig, *welches* Datum er zuerst gut lernt, außer dass es besser ist, ihm ein *einfaches grundlegendes Datum* beizubringen. Sie können ihm zeigen, was die Maschine macht, Sie können ihm das Endprodukt erklären, Sie können ihm erzählen, warum man *ihn* zur Bedienung dieser Maschine gewählt hat. *Aber* Sie *müssen* ihm ein grundlegendes Datum klar machen, andernfalls wird er sich in Verwirrung verlieren.

Verwirrung ist *Ungewissheit.* Verwirrung ist *Dummheit.* Verwirrung ist *Unsicherheit.* Wenn Sie an Ungewissheit, Dummheit und Unsicherheit denken, denken Sie an Verwirrung, und Sie haben es gründlich verstanden.

Was ist also *Gewissheit?* Mangel an Verwirrung. Was ist also *Intelligenz?* Die Fähigkeit, mit der Verwirrung fertig zu werden. Was ist also *Sicherheit?* Die Fähigkeit, durch die Verwirrung hindurchzugehen, sie zu umgehen oder Ordnung in die Verwirrung zu bringen. Gewissheit, Intelligenz und Sicherheit sind *das Fehlen von* Verwirrung oder *die Fähigkeit,* damit *fertig zu werden.*

Wie passen Glück und Verwirrung zusammen? Glück ist die Hoffnung, dass irgendein unkontrollierter Zufall einem durchhelfen wird. Auf Glück zu zählen bedeutet Kontrolle aufzugeben. Das ist Apathie.

Es gibt „gute Kontrolle" und „schlechte Kontrolle". Der Unterschied zwischen ihnen ist *Gewissheit* und *Ungewissheit.* Gute Kontrolle ist sicher, bestimmt, vorhersagbar. Schlechte Kontrolle ist unsicher, veränderlich und unvorhersagbar. Bei guter Kontrolle kann man sicher sein. Bei schlechter ist man niemals sicher.

Ein Vorarbeiter, der heute eine Regel für gültig erklärt, jedoch nicht morgen, der Georg zum Gehorsam zwingt, nicht aber Jochen, übt schlechte Kontrolle aus; das Handeln dieses Vorarbeiters wird Ungewissheit und Unsicherheit zur Folge haben, welche persönlichen Eigenschaften er auch besitzen mag.

Weil es so viel ungewisse und dumme Kontrolle geben kann, beginnen einige von uns zu glauben, dass jegliche Kontrolle schlecht sei. Aber das ist sehr weit von der Wahrheit entfernt. Kontrolle ist notwendig, wenn man irgendeine Ordnung in Verwirrungen bringen will. Man muss mindestens zu einem gewissen Grad in der Lage sein, Dinge, seinen Körper, seine Gedanken zu kontrollieren, um überhaupt irgendetwas fertig zu bringen.

Eine Verwirrung könnte als eine „unkontrollierte Ziellosigkeit" bezeichnet werden. Nur diejenigen, die etwas Kontrolle über diese Ziellosigkeit ausüben können, können mit Verwirrungen zurechtkommen. Diejenigen, die keine Kontrolle ausüben können, erzeugen in Wirklichkeit Verwirrungen.

Der Unterschied zwischen guter und schlechter Kontrolle wird dann offensichtlicher. Der Unterschied zwischen guter und schlechter Kontrolle liegt hier im *Ausmaß*. Eine gründliche und bestimmte Kontrolle kann von anderen vorhergesagt werden. Daher ist es gute Kontrolle. Eine unbestimmte, schlampige Kontrolle kann nicht vorhergesagt werden. Deshalb handelt es sich um eine schlechte Kontrolle. Absicht hat auch etwas mit Kontrolle zu tun. Kontrolle kann für konstruktive oder destruktive Zwecke eingesetzt werden. Aber Sie werden entdecken, dass, sobald destruktive Zwecke *beabsichtigt* sind, schlechte Kontrolle verwendet wird.

Es lässt sich also sehr viel zu diesem ganzen Thema *Verwirrung* sagen. Sie mögen es vielleicht merkwürdig finden, dass hier die Verwirrung selbst zur Zielscheibe wird. Aber Sie werden feststellen, dass sie einen ausgezeichneten gemeinsamen Nenner für alles darstellt, was wir im Leben als böse empfinden. Und wenn man es schafft, Verwirrungen zu meistern, wird die Aufmerksamkeit für eine *konstruktive* Tätigkeit frei sein. Solange man durch Verwirrungen verwirrt ist, sind *destruktive* Dinge das Einzige, woran man denken kann – was man *am liebsten* tun möchte, ist, die Verwirrung zu zerstören.

Lassen Sie uns also zuerst lernen, wie man Verwirrungen zerstört. Und das ist, wie wir feststellen, relativ einfach.

Wenn *alle* Partikel in Bewegung zu sein scheinen, halten Sie eines an und sehen Sie, wie sich die anderen im Verhältnis zu *ihm* bewegen, und dann werden Sie feststellen, dass weniger Verwirrung vorhanden ist. Mit *einem* Partikel, das man als *stabiles Datum* angenommen hat, können andere Dinge dazu gebracht werden, sich einzuordnen. So kann man einen Notfall, eine Maschine, eine Arbeitsstellung oder das Leben selbst betrachten und verstehen und man kann frei sein.

Werfen wir einen Blick darauf, wie das funktioniert. Im ersten Kapitel haben wir eine Reihe von Dingen aufgezählt, die einen Einfluss darauf haben können, ob man eine Stellung bekommt, behält und verbessert. Man kann dieses Problem in seiner Gesamtheit angehen, wie es die Leute sehr oft tun, indem man das einzelne Datum „Ich kann eine Stellung bekommen und behalten" in das Problem einführt. Wenn man sich daran als einzigen Glaubenssatz klammert, so werden die Verwirrungen und Unsicherheiten des Lebens weniger wirksam, weniger verwirrend.

Aber angenommen, man hat Folgendes getan: Man hat als junger Mensch - ohne das Problem weiter zu untersuchen - mit den Zähnen geknirscht, die Augen geschlossen und gesagt: „Ich kann eine Stellung bekommen und behalten, komme, was wolle. Deshalb werde ich mir keine Sorgen über die wirtschaftliche Seite des Daseins mehr machen." Nun, das war schön und gut.

Später wurde man ohne Warnung entlassen. Man war zehn Wochen lang arbeitslos. Man fühlte sich dann, selbst wenn man eine neue Stellung bekam, weniger sicher, weniger zuversichtlich. Und nehmen wir an, dass ein Unfall passierte und man nochmals eine Stellung verlor. Wenn man wieder arbeitslos wurde, fühlte man sich noch weniger zuversichtlich, noch weniger sicher. Warum?

Betrachten wir die Gegenseite dieses Lehrsatzes vom Stabilen Datum. Wenn wir das tun, erfahren wir, dass Verwirrungen durch stabile Daten unwirksam gehalten werden können und dass die Verwirrung von Neuem entsteht, wenn das stabile Datum erschüttert wird.

Stellen wir uns eine angehaltene Verwirrung vor. Sie ist immer noch verstreut, aber sie ist angehalten. Was hat sie angehalten? Die Annahme eines stabilen Datums. Nehmen wir an, dass man zu Hause von seiner Schwiegermutter sehr geplagt wurde. Eines Tages nach einem Streit ist man wütend aus dem Zimmer gestelzt und hat sich in einer plötzlichen Eingebung gesagt: „Alle Schwiegermütter sind böse."

Das war eine Entscheidung. Das war, zu Recht oder zu Unrecht, ein stabiles Datum, das man in einer Verwirrung angenommen hatte. Man fühlte sich sofort besser. Man konnte nun mit dem Problem fertig werden oder leben. Man wusste: „Alle Schwiegermütter waren böse." Es hat nicht gestimmt, aber es war ein stabiles Datum.

Dann, als man eines Tages in Schwierigkeiten war, erschien die Schwiegermutter auf der Bildfläche, in unerschütterlicher Treue. Sie bezahlte nicht nur die Miete, sondern auch die anderen Schulden. Sofort fühlte man sich sehr verwirrt. Diese freundliche Tat hätte keine Verwirrung auslösen sollen. Hatte sie nicht schließlich das Problem gelöst? Weshalb fühlte man sich dadurch aus der Fassung gebracht? *Weil das stabile Datum erschüttert worden war.* Die gesamte Verwirrung des früheren Problems kam wieder in Bewegung, weil die Unrichtigkeit des stabilen Datums aufgezeigt worden war.

Um irgendjemanden zu verwirren, muss man lediglich dessen stabile Daten ausfindig machen und sie abwerten. Man muss nur mit Hilfe von Kritik oder Beweisen diese paar stabilen Daten erschüttern, um die gesamte Verwirrung in einem Menschen wieder in Bewegung zu bringen.

Sie sehen, dass stabile Daten nicht *wahr* sein müssen. Sie werden lediglich *angenommen.* Wenn man sie angenommen hat, dann setzt man die anderen Daten in Beziehung dazu. So wird die Annahme eines *beliebigen* stabilen Datums dazu neigen, die entsprechende Verwirrung aufzuheben. *Aber* wenn dieses stabile Datum erschüttert, entwertet oder widerlegt wird, dann hat man wieder die Verwirrung. Man braucht natürlich nur ein neues stabiles Datum anzunehmen oder das ursprüngliche stabile Datum wieder einzuordnen. Aber um dies ohne Schwierigkeiten zu schaffen, müsste man Scientology kennen.

Nehmen wir an, man macht sich keine Sorgen über die nationale Wirtschaftslage, weil eine heroische politische Figur ihr Bestes versucht.

Dieser Mann wird zum stabilen Datum in allen Verwirrungen, die man über die nationale Wirtschaftslage hat. Deshalb „macht man sich keine Sorgen". Aber eines Tages erschüttern die Umstände oder seine politischen Feinde diesen Mann als ein Datum. Sie „beweisen", dass er in Wirklichkeit unehrlich war. Dann fängt man noch mal ganz von vorn an, sich über die nationale Wirtschaft Sorgen zu machen.

Vielleicht hat man eine gewisse Philosophie übernommen, weil der Redner ein so netter Mensch zu sein schien. Dann beweist jemand einem sorgfältig, dass der Redner in Wirklichkeit ein Dieb oder noch etwas Schlimmeres war. Man hat die Philosophie übernommen, weil es notwendig war, die eigenen Gedanken zu beruhigen. Sobald der Redner entwertet wird, käme dann die Verwirrung zurück, der man sich ursprünglich gegenübersah.

Nun gut. Wir haben als junge Menschen die Verwirrung der Alltagswelt betrachtet, und wir haben sie völlig verdrängt, indem wir unbeirrt feststellten: „Ich kann eine Stellung bekommen und behalten." Das war das stabile Datum. Wir haben tatsächlich eine Stellung bekommen. Aber wir sind entlassen worden. Die Verwirrung der Alltagswelt wurde dann sehr verwirrend. Wenn man nur das eine stabile Datum hat: „Ich kann eine Stellung bekommen und behalten", als unsere umfassende Lösung für alle verschiedenen Probleme, die im ersten Kapitel angeführt wurden, dann wird man ganz sicher einige verwirrende Zeiten in seinem Arbeitsleben durchmachen. Ein weitaus besseres stabiles Datum lautet: „Ich habe ein Verstehen über Leben und Arbeitsstellungen. Deshalb kann ich sie bekommen, behalten und verbessern."

Und darauf zielen wir in diesem Buch ab.

KAPITEL DREI

IST ARBEIT NOTWENDIG?

KAPITEL DREI

IST ARBEIT NOTWENDIG?

EIN VERSTEHEN DES LEBENS IST notwendig, um es leben zu können. Ansonsten wird das Leben zu einer Falle. Für so viele von uns nimmt diese Falle in der Alltagswelt die Gestalt von ARBEIT an.

Wie viele schöne Dinge könnten wir tun, wenn wir nur nicht arbeiten müssten! Wenn wir nur eine andere Möglichkeit hätten, zu Geld zu kommen ... Reisen, Ferien, neue Kleidung ... wie viele Dinge würden uns gehören, wenn wir nur nicht arbeiten müssten!

Es ist fast ein Erziehungsfaktor in unserer Gesellschaft, dass Arbeit, der Zwang, der mit ihr in Verbindung steht, die Wurzel unseres Unglücklichseins ist. Wir hören, wie Gewerkschaften und Wohlfahrtsstaaten sowie einzelne Menschen ihr gesamtes Streben auf eine Verminderung der Arbeit konzentrieren. Die Arbeit mit Hilfe einer Verkürzung der Arbeitszeit und durch das Einführen automatischer Maschinen abzuschaffen ist Mitte des 20. Jahrhunderts zum Schlagwort geworden.

Und doch wäre das Entmutigendste, das den meisten von uns geschehen könnte, der Verlust aller zukünftigen Arbeitsstellen. Die Verweigerung des Rechts auf Arbeit bedeutet, dass uns jegliche Beteiligung an der Gesellschaft, in der wir leben, verweigert wird.

Sowohl der Sohn des reichen Mannes als auch die begüterte Witwe arbeiten beide nicht, und beide sind geistig nicht gesund. Wenn wir in unserer Gesellschaft nach Neurosen und Verrücktheit Ausschau halten, richten wir unser Augenmerk auf diejenigen, die nicht arbeiten oder nicht arbeiten können. Wenn wir die Vergangenheit eines Verbrechers durchgehen, haben wir seine „Unfähigkeit zu arbeiten“ vor Augen.

Irgendwie scheint das Recht auf Arbeit mit Glück und der Lebensfreude eng verknüpft zu sein. Und die Verweigerung von Arbeit ist nachweislich mit Geisteskrankheit und Wahnsinn eng verknüpft.

Mit dem Anwachsen der Zahl automatischer Maschinen in unserer Gesellschaft steigt auch der Prozentsatz derer in unserem Volk, die geisteskrank sind. Gesetze gegen Kinderarbeit, Verfügungen dagegen, Überstunden zu leisten, Forderungen nach vielen Unterlagen, Fertigkeiten und danach, bestimmten Seinszuständen zu entsprechen, bewirken zusammen eine Verminderung der Arbeitsmenge, die von einem Einzelnen bewältigt werden kann.

Haben Sie je einen pensionierten Menschen gesehen, der sich nach seinem Schreibtisch sehnte? Heutzutage erzieht uns „der Lehrsatz der Einschränkung von Arbeit“ dahingehend, zu glauben, dass man in einem bestimmten Alter aufhören muss zu arbeiten. Warum ist dies so beliebt, wenn wir doch selbst sehen können, dass das Ende der Arbeit in den meisten Fällen das Ende des Lebens bedeutet?

Um für einen Augenblick politisch zu sein: Vom Standpunkt der geistigen Gesundheit aus braucht der Mensch dringender das *Recht auf Arbeit* als eine Unzahl vorgetäuschter Freiheiten. Und doch entmutigen wir, bei unseren Kindern und in unserer Gesellschaft, sorgfältig diejenigen, die Arbeit *schaffen.* Wenn keine Arbeit geschaffen wird, wird es keine Arbeit geben. Die Arbeit ist nicht etwas, das wir gebrauchsfertig vor uns sehen. Arbeit ist etwas, das geschaffen wird. Neue Erfindungen, neue Märkte, neue Vertriebssysteme müssen geschaffen und ins Leben gerufen werden, wenn die Zeiten sich ändern und die alten Methoden, Märkte und Systeme unangemessen und verbraucht sind. Irgendjemand hat die Arbeit geschaffen, die wir verrichten. Wenn wir arbeiten, so verrichten wir eine Tätigkeit, die entweder wir selbst oder jemand anders geschaffen hat.

Es genügt nicht, seine Arbeit recht und schlecht zu erledigen. Die Arbeit muss von *uns* täglich neu geschaffen werden, gleichgültig, wer sie ursprünglich kreiert hat.

Arbeiten bedeutet, an den Aktivitäten unserer Gesellschaft teilzunehmen. Wird einem ein Teil der Aktivitäten unserer Gesellschaft verweigert, so ist das gleichbedeutend damit, von ihr ausgestoßen zu sein.

Jemand hat den Unterschied zwischen „Arbeit" und „Spiel" erfunden. Spiel wurde als etwas Interessantes betrachtet. Arbeit wurde als etwas Beschwerliches und Notwendiges und somit Uninteressantes betrachtet. Aber wenn wir unseren Urlaub haben und „spielen", sind wir meistens recht froh, in die „tägliche Tretmühle" zurückzukehren. Spiel ist beinahe ziellos. Arbeit hat eine Zielsetzung.

In Wirklichkeit entstammt unser Widerwille gegenüber Arbeit, wenn welche anfällt, nur der ständigen Weigerung seitens der Gesellschaft, uns Arbeit zu geben. Dem Mann, der nicht arbeiten kann, war das Recht auf Arbeit genommen worden. Wenn wir die Lebensgeschichte eines notorisch arbeitsunfähigen Verbrechers zurückverfolgen, stellen wir fest, dass er in erster Linie davon überzeugt war, dass er nicht arbeiten dürfe - ihm wurde verboten zu arbeiten, sei es vom Vater, von der Mutter, in der Schule oder in jungen Jahren. Ein Teil seiner Erziehung besagte, dass er nicht arbeiten darf. Was blieb übrig? Die Rache an einer Gesellschaft, die sich weigerte, ihn an ihren Unternehmungen teilnehmen zu lassen.

Definieren wir Arbeit und Spiel neu. Spiel sollte als „Arbeit ohne Zielsetzung" bezeichnet werden. Man könnte es auch „Tätigkeit ohne Zielsetzung" nennen. Dann wäre Arbeit als „Tätigkeit mit Zielsetzung" zu definieren.

Wenn wir am Arbeiten etwas auszusetzen haben, entstammt es unserer eigenen Angst, man würde uns nicht erlauben, weiterhin zu arbeiten.

Es ist nichts gegen die Automatisierung einzuwenden, den Einsatz all dieser Maschinen, die unsere Arbeit übernehmen, solange diejenigen an den maßgeblichen Stellen daran denken, *zusätzliche Arbeit* für uns zu schaffen. Die Automatisierung könnte ein Segen für die ganze Welt sein, *vorausgesetzt,* dass ebenso viele neue Stellen erfunden werden, wie die Maschinen überflüssig machen. *Dann* hätten wir Produktion! Und wenn diejenigen in den maßgeblichen Stellen nicht so ungeschickt mit den Grundlagen der Wirtschaft hantierten und genügend Geld erzeugten, sodass wir all die neuen Produkte kaufen könnten, *dann* gäbe es wirklichen Wohlstand. Es ist somit nicht die Automatisierung, die schlecht ist. Wenn aufgrund der Automatisierung Menschen arbeitslos bleiben, hat man *irgendjemandem* nicht erlaubt, neue Arbeitsplätze für uns zu erfinden.

Wenn natürlich jeder neue Betrieb durch Einschränkungen ruiniert wird und wenn jeder, der Arbeit erfinden würde, davon abgehalten wird, dann und *nur* dann würden automatische Maschinen unseren Niedergang herbeiführen.

Trotz der viel gepriesenen Freuden des Urlaubs und des immerwährenden Spiels waren solche Dinge nie etwas anderes als ein Fluch für den Menschen. Die früheste Erwähnung in dieser Richtung finden wir bei Homer auf den Lotos-Inseln. Und was brach diese Mannschaft zusammen!

Nein, ganz sicher ist Arbeit und Arbeiten mehr als die Notwendigkeit, Geld zu verdienen. Natürlich gibt es Arbeiten, die interessanter sind als andere. Natürlich gibt es Positionen, die lohnender sind als andere. Aber wenn man die Wahl hat zwischen dem Recht auf eine Stellung und *keinem* Recht auf eine Stellung, dann wird man selbst die weniger interessanten und schlechter bezahlten Aufgaben annehmen.

Wussten Sie, dass man einen Verrückten einfach dadurch gesund machen könnte, dass man ihn davon überzeugt, dass er einen Lebenszweck hat? Nun, das kann geschehen. Es spielt keine Rolle, wie fadenscheinig oder künstlich dieser Zweck sein mag, man kann Verrückte damit gesund machen. Das erinnert an den Fall eines wahnsinnigen Mädchens, für das man nichts tun konnte. Das war übrigens der springende Punkt bei ihrem Fall – man konnte nichts *für sie* tun. Aber eines Abends geschah in der Nähe der Anstalt ein Autounfall und ein überarbeiteter Arzt, der das Mädchen in der Nähe sah, befahl ihr, etwas für die Unfallopfer zu tun. Sie wurde gesund. Sie wurde eine Krankenschwester. Sie wurde danach nie wieder geisteskrank.

Nun, niemand behauptet, dass wir alle geisteskrank sind, wenn wir nicht arbeiten. Aber es ist erstaunlich, dass wir in diese Richtung treiben, wenn man uns das Arbeiten *verbietet.*

Große Revolutionen entstehen aus der Unfähigkeit der Massen zu arbeiten. Die Massen rebellieren nicht, weil sie, wie sie immer sagen, wegen „Sonderregelungen" wütend sind, sondern weil sie aus Mangel an Arbeit wahnsinnig geworden sind. Es ist wahr, dass Revolutionen nicht vorkommen können, wenn die Menschen alle beschäftigt sind.

Und es spielt nicht einmal eine Rolle, wie beschwerlich die Arbeit ist. Revolutionen entstehen, wenn man den Menschen zu oft verbietet zu arbeiten. Sie verfallen dem Wahnsinn, und der Staat wird oft ruiniert. *Keine* Revolution gewann je irgendetwas. Das Leben entwickelt sich durch harte Arbeit, nicht durch Drohungen, zu einem besseren Zustand.

Wenn die automatischen Maschinen genügend Arbeitskräfte arbeitslos machten, würde es, selbst wenn die Maschinen einen Überfluss produzierten, eine Revolution geben. Warum? Weil man den Menschen, indem man ihnen die Arbeit nimmt, auch einen Lebenszweck nimmt. Wenn dieser zusammenbricht, bricht alles zusammen.

Ein guter Zweck, ein schlechter Zweck, das spielt keine Rolle, solange ein Zweck existiert. *Warum?*

Glauben Sie nun nicht, dass wir sehr weit vom vorherigen Kapitel abgekommen sind. Das sind wir nicht. Hier haben wir ein Verstehen des Lebens. Das Leben hat bestimmte stabile Daten, die die stabilen Daten von Livingness *sind.* Sind diese einmal begriffen, kann das Leben - und der Teil des Lebens, den man Arbeit nennt - verstanden werden.

Das Leben ist im Grunde etwas *Erschaffenes.* Aber es enthält viele Elemente, die vielen anderen Elementen darin entgegenerschaffen. Eine Verwirrung kommt zustande, wenn zwei oder mehrere Dinge anfangen, gegeneinander zu erschaffen. So kann das Leben, wenn man es unvoreingenommen betrachtet, als eine Verwirrung erscheinen.

Wenn man ohne jede Zielsetzung inmitten all dieser Livingness, inmitten all dieser Creatingness, inmitten all dieser Kriegführung sitzen müsste, wäre das eigene Dasein in seiner Gesamtheit verhängnisvoll. Teil eines Universums, einer Zivilisation zu sein und doch kein Ziel vor sich zu haben, ist der Weg zum Wahnsinn.

Der Einsatz von Energie, die körperliche Bewegung, die verbrauchte Zeit, die vollbrachten Dinge sind alle von geringerer Bedeutung. Allein, dass man *etwas zu tun* hat und einen *Grund, es zu tun,* übt eine Kontrolle über das Leben selbst aus. Wenn man keine Zielsetzung hat, hat man keinen festen Boden, was dieses erste Teilchen betrifft, das nötig ist, um das Ganze verständlich zu machen. Auf diese Weise kann das Leben zu einer furchtbaren Last werden.

„Wenn man ohne jede Zielsetzung inmitten all dieser Livingness, inmitten all dieser Creatingness, inmitten all dieser Kriegführung sitzen müsste, wäre das eigene Dasein in seiner Gesamtheit verhängnisvoll. Teil eines Universums, einer Zivilisation zu sein und doch kein Ziel vor sich zu haben, ist der Weg zum Wahnsinn.“

In den 30-er Jahren gab es in den Vereinigten Staaten - und in anderen Ländern - etwas, das man eine Weltwirtschaftskrise nannte. Sie entstand aus einem mangelnden Verstehen für wirtschaftliche Fragen während einer Übergangsperiode in ein Maschinenzeitalter. In dieser Zeit erkannte ein großer Präsident, dass seinem Volk Arbeit vorenthalten worden war. Er schuf Arbeit. Er dachte, er hätte es mit dem Ziel getan, Geld in Umlauf zu bringen, damit alles gekauft werden konnte, was das Land jetzt herzustellen vermochte. Und deshalb rettete er die Masse seines Volkes eigentlich nicht aus der Verzweiflung. Denn die Arbeit, die er ihm gab, wurde nur schlampig und schlecht verrichtet. Man erwartete nichts weiter, als dass die Zeit auf die Arbeit verwendet wurde. Er hatte eine wunderbare Gelegenheit, ein Land zu einer schönen Sache zu machen. Aber die angebotene Arbeit hatte keine Zielsetzung.

Leute, die die eine oder andere Stellung verabscheuen, tun das, weil sie nicht sehen können, wo diese Arbeit hinführt, oder nicht glauben können, dass sie etwas Wichtiges tun. Sie „arbeiten". Das heißt, sie finden sich ein, machen bestimmte Handgriffe und beziehen ihr Gehalt. Aber sie sind nicht wirklich ein Teil der Ordnung der Dinge. Sie glauben nicht, dass sie irgendetwas zu gewinnen haben.

In unserer Zivilisation ist *Arbeit* das *stabile Datum* in der Verwirrung des Daseins. Und das *stabile Datum* von Arbeit ist *Zielsetzung.* Selbst wenn die Zielsetzung nur darin besteht, „ein Gehalt zu haben", ist es immer noch eine Zielsetzung.

Jeder von uns könnte wahrscheinlich wichtigere Dinge tun, als wir gerade tun. Jeder von uns könnte einige Änderungen an seinen Aufgaben vertragen. Aber keiner von uns könnte zurande kommen, ohne irgendetwas zu tun zu haben - und dabei immer noch lebendig und gesund bleiben.

Wenn wir unter gewissen Umständen schüchtern werden, liegt das daran, dass unsere *Zielsetzungen,* unsere *stabilen Daten,* abgewertet worden sind.

Es ist, wie wir gezeigt haben, recht einfach, einen Menschen in einen Zustand der Verwirrung zu stoßen. Man muss nur sein stabiles Datum zu irgendeinem Thema finden und es erschüttern. Diesen Trick benutzen wir alle.

Zum Beispiel streiten wir uns mit einem Freund über wirtschaftliche Fragen. Wir sind nicht seiner Meinung. Wir fragen ihn, woher er eine solche Idee hat. Er sagt, jemand habe dies da oder dort geschrieben. Wir greifen den Autor oder die Zeitung an und ziehen sie in Zweifel. Mit anderen Worten, wir gewinnen unseren Streit, indem wir sein stabiles Datum so gut wie möglich erschüttern.

Das Leben hat Wettbewerbscharakter. Viele von uns vergessen, dass wir Teil einer Mannschaft sind, die den Namen Menschheit trägt und sich im Wettbewerb mit allen möglichen anderen Dingen befindet, um zu *überleben.* Wir greifen die Menschen an und greifen unsere Freunde an. Es erscheint uns bei unserer Arbeit nur natürlich, dass es hier und da in der Organisation Leute gibt, die so unsicher bei ihren eigenen Aufgaben sind, dass sie versuchen, Unsicherheit um sich herum zu verbreiten.

Wenn ein Mensch zu tief in Verwirrung geraten ist, weil er zu wenige stabile Daten besitzt, beginnt er vielleicht die Verwirrung zu „dramatisieren", sie zu verbreiten, bewusst zu versuchen, alles und jeden zu verwirren. Eine der Lieblingszielscheiben solcher Leute ist das stabile Datum der Arbeit. Obwohl solche Leute meist nicht einmal ihre *eigene* Arbeit verrichten können, sind sie sehr darauf bedacht, anderen *ihre* Arbeit zu verleiden. Sie „vermindern die Konkurrenzfähigkeit anderer", indem sie die stabilen Daten anderer Menschen zerstückeln.

Hüten Sie sich vor diesen Leuten, die herumlaufen und sich „voller Mitgefühl" nach Ihrer Gesundheit erkundigen, da Sie so „überarbeitet" aussähen. Es ist fast einfacher, „überbummelt" zu sein als überarbeitet. Hüten Sie sich vor diesen Leuten, die wollen, dass Sie einen Antrag zur Verkürzung der Arbeitszeit unterschreiben. Das Endergebnis davon lautet keine Arbeit. Und hüten Sie sich auch vor dem Burschen, der es immer „von der Firma nimmt", weil die Firma es „sich ja leisten kann". Denken Sie daran, dass diese Firma zum Teil Ihnen gehört, auch wenn man Ihnen morgen kündigen sollte. Solche Leute versuchen, Ihnen das stabile Datum der Arbeit unter den Füßen wegzuziehen.

Wenn Sie Angst haben, Ihre Stellung zu verlieren, leiden Sie bereits an zu häufigem Arbeitsverbot. Die einzige Methode, eine Stellung zu behalten, besteht darin, sie jeden Tag neu mit Leben zu erfüllen, sie zu erschaffen und weiterhin zu erschaffen. Wenn Sie nicht den Wunsch haben, diese Arbeit zu erschaffen und weiterzuführen, dann gibt es irgendeine *Gegen-Zielsetzung* zu der *Zielsetzung*. Dann ist etwas verkehrt zwischen dem, was Sie als gute Zielsetzung betrachten würden, und der Zielsetzung Ihrer Arbeit.

Interessant sind Regierungsstellen, da sich oft niemand wirklich Gedanken darum zu machen scheint, ob die Arbeit eine Zielsetzung hat oder nicht. Allzu häufig liegt die Zielsetzung einer Stellung bei der Regierung für die Leute eben darin, „eine Stellung bei der Regierung zu haben". Besonders in diesem Falle muss man das Leben und die Arbeit selbst gut verstehen. Denn eine Stellung bei der Regierung muss *ständig von Neuem* erschaffen werden, um weiterzubestehen. Und wenn sie keine Zielsetzung zu haben scheint, dann sollte man die Regierung selbst betrachten und *ihre* Zielsetzung finden. Denn die Zielsetzung der Regierung insgesamt wäre zu einem Teil die Zielsetzung der Arbeitsstelle, die man innehat, mag sie auch noch so gering sein.

Jeder, der an einer Abneigung gegen Arbeit leidet, muss im Grunde das Gefühl haben, dass er nicht wirklich arbeiten darf. Somit ist Arbeit kein stabiles Datum im Leben. Und was die Zielsetzungen seiner Arbeit betrifft, so muss auch hier eine Gegen-Zielsetzung vorhanden sein. Außerdem ist er bei seiner Arbeit normalerweise mit Leuten zusammen, die sich bemühen, ihm die Arbeit weniger schmackhaft zu machen. Aber er sollte bemitleidet werden, weil er unglücklich ist. Er ist unglücklich, weil er verwirrt ist. Warum ist er verwirrt? Weil er kein stabiles Datum für sein *Leben* hat.

Und ein stabiles Datum für das Leben selbst ist die Grundlage sowohl für ein gutes Auskommen wie auch für eine gute Einstellung zur Arbeit.

KAPITEL VIER

Das Geheimnis der Leistungsfähigkeit

KAPITEL VIER

Das Geheimnis der Leistungsfähigkeit

Was ist Kontrolle?

Ob man mit einer Maschine umgeht, die so groß wie ein Auto oder so klein wie eine Schreibmaschine ist, oder ob es gar ein Stift für die Buchführung ist, immer steht man vor den Problemen der Kontrolle. Ein Gegenstand nutzt niemandem etwas, wenn er nicht kontrolliert werden kann. Genauso wie ein Tänzer fähig sein muss, seinen Körper zu kontrollieren, muss ein Büro- oder Fabrikarbeiter fähig sein, seinen Körper, die Maschinen seiner Arbeit und zu einem gewissen Grad seine Umgebung um sich herum unter Kontrolle zu haben.

Der wesentlichste Unterschied zwischen dem „Arbeiter" in einem Büro oder einer Fabrik und einer „Führungskraft" besteht darin, dass die Führungskraft Verstand, Personen und das Platzieren von Kommunikationen, Rohstoffen und Produkten kontrolliert, während der Arbeiter hauptsächlich seine unmittelbaren Werkzeuge kontrolliert. Für diejenigen, die sich bemühen, die Arbeiterschaft durch Agitation zu Maßnahmen zu bewegen, die nicht unbedingt gut für sie sind, und für Führungskräfte, die selbst nach Kontrolle streben und ängstlich darauf bedacht sind, ist es jedoch allzu leicht zu vergessen, dass der Arbeiter, der seine Arbeitsmaterialien nicht kontrolliert - und selbst nur ein „kontrollierter Faktor" ist -, für die Fabrik an sich praktisch wertlos ist. Sowohl die Verwaltung als auch die Arbeiterschaft müssen in der Lage sein, ihre unmittelbare Umgebung zu kontrollieren.

Der offenkundigste Unterschied zwischen einer Führungskraft und einem Arbeiter ist der, dass die Führungskraft eine größere Umgebung als der Arbeiter kontrolliert. In diesem Ausmaß muss dann die Führungskraft fähiger sein als der Arbeiter - sonst ist der Betrieb oder die Fabrik zu Schwierigkeiten verurteilt, wenn nicht gar zum Zusammenbruch.

Was ist eine gute Arbeitskraft? Jemand, der seine Ausrüstung oder sein Handwerkszeug mit Sicherheit kontrollieren kann, oder jemand, der die Kommunikationslinien kontrollieren kann, mit denen er eng verbunden ist.

Was ist ein schlechter Arbeiter? Ein schlechter Arbeiter ist jemand, der unfähig ist, die Ausrüstung zu kontrollieren, die er kontrollieren sollte, oder die Kommunikationslinien, mit denen er umgehen sollte.

Menschen, die andere kontrollieren wollen, aber nicht möchten, dass andere irgendetwas kontrollieren, bringen uns in eine Schwierigkeit, indem sie einen Trugschluss bewirken. Dieser Trugschluss besteht darin, dass es so etwas wie „schlechte Kontrolle" gibt. Kontrolle wird entweder gut ausgeführt oder gar nicht. Wenn jemand etwas kontrolliert, dann kontrolliert er es. Wenn er es schlecht kontrolliert, dann kontrolliert er es nicht. Eine Maschine, die gut bedient wird, ist unter Kontrolle. Eine Maschine, die nicht gut bedient wird, ist nicht unter Kontrolle.

Daher sehen wir, dass schlechte Kontrolle eigentlich eine „Nicht-Kontrolle" ist.

Leute, die Ihnen erzählen, dass Kontrolle schlecht sei, versuchen Ihnen einzureden, dass Autounfälle und Betriebsunfälle gut seien.

Versuchte Kontrolle für schlechte oder verborgene Zwecke ist schädlich. Aber sie trägt den Bestandteil der Unwissenheit in sich. Der Mensch, der *versucht*, etwas zu kontrollieren, kontrolliert nicht wirklich. Er bemüht sich nur zu kontrollieren, und seine Bemühungen sind im Wesentlichen vage und unbestimmt - was natürlich Wesenszüge sind, die bei der Kontrolle selbst nicht geduldet werden. Wenn Unwissenheit in Kontrolle eingebracht wird, kann sich gegen Kontrolle eine Abneigung entwickeln. Sie wird aber nicht zu einer Tatsache.

Wenn Sie Ihr Auto je in uneindeutiger Weise gesteuert haben, werden Sie verstehen, was gemeint ist. Würden Sie Ihr Lenkrad so anfassen, als wenn das Auto nicht „wüsste", welchen Weg es einzuschlagen hätte, wären Sie bald in Schwierigkeiten. Man muss das Lenkrad so bedienen, dass das Auto dann in den Kurven die Kurven nimmt und auf der geraden Straße geradeaus fährt. Es gibt nichts Verborgenes in Ihrer Absicht, das Auto zu kontrollieren, und es gibt nichts, was über die Reaktion Ihres Autos nicht bekannt wäre. Wenn ein Auto Ihren Lenkmanövern nicht gehorcht, besteht keine Kontrolle mehr.

Mit anderen Worten, entweder kontrolliert man etwas oder man kontrolliert es nicht. Für den Fall der Nicht-Kontrolle haben wir eine falsche Bezeichnung entwickelt. Wir haben die Idee entwickelt, dass es so etwas wie „schlechte Kontrolle" gäbe.

Menschen, die „schlecht kontrolliert" worden sind (das heißt, die lediglich aufgerüttelt, aber keineswegs kontrolliert worden sind), fangen an zu glauben, dass etwas an Kontrolle schlecht sei. Aber eigentlich wissen sie gar nicht, was Kontrolle ist, da sie in Wirklichkeit nicht kontrolliert worden sind.

Um dies besser zu verstehen, müsste man eines der wesentlichen Grundprinzipien der Scientology kennen. Es heißt:

DER AUFBAU VON KONTROLLE.

Dieses Prinzip setzt sich zum Teil folgendermaßen zusammen. Kontrolle lässt sich in drei eigenständige Teile zerlegen. Diese Teile sind:

STARTEN-VERÄNDERN-und-STOPPEN.

Starten-Verändern-und-Stoppen beinhaltet auch einen:

AKTIONSZYKLUS.

Der Aktionszyklus wird in der Drehung eines einfachen Rades gesehen. Das Rad wird in Bewegung gesetzt, und dann ändert jeder beliebige Punkt auf dem Rad seine Position, und das Rad wird angehalten. Es spielt keine Rolle, wie lange das Rad in Bewegung ist, es folgt trotzdem diesem Aktionszyklus.

Ein Mann, der eine kurze Strecke geht, setzt sich in Bewegung, ändert die Position seines Körpers und hält seinen Körper an. Wenn er dies tut, hat er einen Aktionszyklus vollendet.

Auf längere Sicht gesehen, beginnt eine Firma, bleibt in Betrieb, und zu irgendeinem früheren oder späteren Zeitpunkt hört sie auf zu existieren.

Das Verändern liegt „in einem Verändern der Position im Raum oder in einem Verändern der Existenz in der Zeit". Beim Starten haben wir es einfach mit „Starten" zu tun. Und beim Stoppen haben wir es einfach mit „Stoppen" zu tun. Etwas kann langsam oder schnell starten. Etwas kann langsam oder schnell stoppen. Etwas kann sich sehr schnell verändern, während es voranschreitet. So haben die Geschwindigkeitsrate des Startens, die Geschwindigkeitsrate des Veränderns und die Geschwindigkeitsrate des Stoppens sehr wenig damit zu tun, dass ein Aktionszyklus aus Starten-Verändern-und-Stoppen besteht.

Im Altertum hat man viel detaillierteren Bezug auf diesen Aktionszyklus genommen. Wir finden in den Hymnen des Wedas folgende Beschreibung eines Aktionszyklus: Zuerst ist ein Chaos, dann erhebt sich etwas aus dem Chaos (man kann sagen, dass es geboren wurde), es wächst, es besteht fort, es verfällt und stirbt, und es folgt Chaos. Obwohl dies im Grunde eine ungenaue Aussage ist, ist es doch das früheste Beispiel für einen Aktionszyklus.

Ein modernes Beispiel aus der Scientology für einen Aktionszyklus ist viel einfacher ausgedrückt und ist viel genauer. Ein Aktionszyklus besteht aus Starten-Verändern-und-Stoppen. Dies entspricht einem anderen Aktionszyklus, nämlich dem des Lebens selbst. Der Aktionszyklus des *Lebens* ist:

ERSCHAFFEN-ÜBERLEBEN-und-ZERSTÖREN.

Das Überleben könnte man als irgendeine Veränderung auffassen, gleichgültig ob in Größe, in Alter oder in der Position im Raum. Das Wesentliche an Überleben ist Veränderung. Erschaffung ist natürlich das Starten. Zerstörung ist natürlich das Stoppen.

So haben wir in der Scientology zwei sehr nützliche Aktionszyklen: Der erste davon ist Starten-Verändern-und-Stoppen und der ausführlichere ist Erschaffen-Überleben-und-Zerstören.

Starten-Verändern-und-Stoppen schließen den Zustand des lebenden Wesens oder eines Gegenstandes mit ein.

Erschaffen-Überleben-und-Zerstören schließen die Absicht des Lebens gegenüber Gegenständen mit ein.

Starten

Erschaffen

Verändern

Überleben

Stoppen

Zerstören

„Ein Aktionszyklus besteht aus Starten-Verändern-und-Stoppen. Dies entspricht einem anderen Aktionszyklus, nämlich dem des Lebens selbst. Der Aktionszyklus des Lebens ist: Erschaffen-Überleben-und-Zerstören."

Kontrolle besteht ausschließlich aus Starten, Verändern und Stoppen. Sichere Kontrolle schließt keine anderen Faktoren ein.

Wenn man etwas in Gang setzen kann, dessen Position im Raum oder Dasein in der Zeit verändern und es stoppen kann - alles nach Belieben -, lässt sich sagen, dass man es kontrolliert, gleichgültig, worum es sich handelt. Wenn jemand irgendetwas gerade eben in Gang setzen kann, dessen Stellung im Raum oder dessen Existenz in der Zeit nur mit Schwierigkeiten verändern kann und irgendetwas nur unsicher anhalten kann, dann kann man von ihm nicht sagen, dass er es gut kontrolliert; für unsere Zwecke würde man von ihm sagen, dass er nur in der Lage ist, etwas schlecht oder auf gefährliche Weise zu kontrollieren. Wenn er etwas nicht starten kann, wenn er dessen Position im Raum nicht verändern kann, wenn er etwas nicht stoppen kann, dann hat er ganz eindeutig keine Kontrolle darüber. Versucht er, etwas oder jemanden zu starten, verändern und stoppen, ohne es ausdrücklich zu tun, hat er in die Tätigkeit Unwissenheit eingebracht, und das Ergebnis wird zumindest fragwürdig sein.

Somit gibt es etwas wie „gute Kontrolle". Gute Kontrolle würde sich aus Knowingness und Bestimmtheit zusammensetzen. Man kann von einem Mädchen, das eine Schreibmaschine in Gang setzen, ihre Bewegung fortführen und sodann beenden kann, sagen, dass es die Schreibmaschine unter Kontrolle hat. Wenn es Schwierigkeiten hätte, sie in Gang zu setzen, ihre Tätigkeit fortzuführen und sie zu stoppen, würde es nicht nur die Schreibmaschine „schlecht kontrollieren" - es wäre auch eine schlechte Stenotypistin.

Wo schlechte Kontrolle Einzug hält, dort halten auch Inkompetenz, Unfälle, Schwierigkeiten, Ungehorsam, Leistungsunfähigkeit und, nicht zuletzt, eine Menge Elend und Unglück Einzug. Definieren wir schlechte Kontrolle als „Nicht-Kontrolle" oder als einen „unwissentlichen Versuch der Kontrolle, bei dem keine wirkliche Kontrolle ausgeübt wird", so können wir sagen, dass Unbestimmtheit zu sehr vielen Schwierigkeiten führt.

Das folgende Beispiel soll Ihnen eine Ahnung vermitteln, was das im Leben bedeuten kann. Stellen Sie sich vor, dass Sie von jemandem in einem Zimmer umhergeschickt würden. Er würde Sie anweisen, zum

Schreibtisch zu gehen, danach würde er Sie anweisen, zum Stuhl zu gehen, dann würde er Sie anweisen, zur Tür zu gehen. Jedes Mal, wenn er Sie bittet, irgendwohin zu gehen, müssen Sie natürlich sich selbst starten, die Position Ihres Körpers verändern und sich selbst stoppen. Nun hätten Sie merkwürdigerweise nichts dagegen einzuwenden, solange Sie wüssten, dass es Ihnen jemand so aufträgt, dass Sie auch in der Lage wären, die Handlung auszuführen, und Sie Anweisungen nicht auf eine solche Weise empfingen, dass deren Ausführung noch vor ihrem Abschluss unterbrochen würde.

Nehmen wir aber an, jemand weist Sie an, zum Schreibtisch zu gehen, sagt aber, Sie sollen zu einem Stuhl gehen, bevor Sie beim Schreibtisch angekommen sind; doch bevor Sie am Stuhl angekommen sind, schickt er Sie zur Tür und behauptet dann, dass es Ihr Fehler war, nicht zum Schreibtisch gegangen zu sein. Zu diesem Zeitpunkt wären Sie verwirrt. Dies wäre schlechte Kontrolle, da sie Ihnen nicht gestattet, irgendeinen Aktionszyklus zu Ende zu führen, bevor ein neuer Aktionszyklus von Ihnen gefordert wird. So werden Ihre Aktionszyklen kompliziert, und eine Verwirrung entsteht. Aber es würde sich hier im Prinzip gar nicht um Kontrolle handeln, da bei einer Kontrolle eine verständliche oder wissentliche Sicherheit eingeschlossen sein muss. Bei guter Kontrolle wäre der Befehl nicht geändert worden, bevor Sie eine Möglichkeit gehabt hätten, am Schreibtisch anzukommen, und es wäre Ihnen erlaubt worden, am Schreibtisch anzukommen, bevor man Sie gebeten hätte, zum Stuhl zu gehen, und es wäre Ihnen gestattet worden, beim Stuhl anzukommen, bevor man Sie gebeten hätte, erneut in Richtung Tür loszugehen. Nun, die bestimmte Kontrolle würde Ihnen nichts ausmachen. Aber es ist sicher, dass Sie durch die abgebrochene Reihe von Anordnungen, die es Ihnen nicht gestattete, irgendeinen Aktionszyklus abzuschließen, recht verstimmt wären.

Um Ihnen eine gewisse Vorstellung davon zu geben, wie diese Sache das eigene Leben beeinflussen könnte: Von wem würden Sie lieber eine Folge derartiger Anweisungen entgegennehmen wie den oben erwähnten, mit denen Sie im Zimmer umhergeschickt würden - von Ihrem Vater oder Ihrer Mutter? Es ist sicher, dass Sie mit jenem Elternteil am meisten Schwierigkeiten hatten, den Sie für diese Anordnungen *nicht* wählen würden.

Kontrolle ist so weit davon entfernt, etwas Schlechtes zu sein, dass ein Mensch, der geistig gesund und in sehr gutem Zustand ist, eine gute, bestimmte Kontrolle nicht übel nimmt und selbst fähig ist, eine gute, bestimmte Kontrolle über Leute und Dinge auszuüben. Ein Mensch, der sich in nicht so gutem Zustand befindet, nimmt selbst die beiläufigsten Anweisungen übel und ist tatsächlich nicht dazu in der Lage, Leute oder Gegenstände zu kontrollieren. Letzterer ist auch untüchtig und hat bei der Arbeit und im Leben viele Schwierigkeiten.

Wenn ein Mensch Dinge nicht kontrollieren kann oder sich dagegen wehrt, dass Dinge ihn kontrollieren, verstrickt er sich selbst in Schwierigkeiten, nicht nur mit Menschen, sondern auch mit Gegenständen. Es liegt auch auf der Hand, dass Menschen mit Kontrollschwierigkeiten leichter krank werden und auf andere Weise versagen.

Wenn ein Mensch unfähig ist, eine Maschine zu kontrollieren, geschieht es häufig, dass die Maschine das Ganze umkehrt und beginnt, *ihn* zu kontrollieren. Ein Fahrer beispielsweise, der keine bestimmte Kontrolle auf ein Auto ausüben kann, wird wahrscheinlich schließlich von diesem Auto kontrolliert werden. Statt eines Fahrers, der sein Auto die Straße entlangfährt, haben wir ein Auto, das einen „Fahrer" die Straße entlangbringt. Und früher oder später lässt das Auto, da es kein Fachmann für Kontrolle ist, seinen Fahrer im Graben landen.

Selbst mechanisches Versagen ist einem Mangel an Kontrolle zuzuschreiben. Man wird entdecken, dass ein Mensch, der eine Maschine nicht ohne weiteres kontrollieren kann, mit ziemlicher Wahrscheinlichkeit beträchtliche Schwierigkeiten mit dieser Maschine haben wird. Die Maschine selbst leidet manchmal auf fast unerklärliche Weise. Motoren funktionieren für manche Leute, und für andere funktionieren sie nicht. Manche Maschinen werden unter der Hand eines Mechanikers jahrelang funktionieren. Aber wenn dieser Mechaniker sie verlässt und ein anderer, weniger geschickter, seinen Platz einnimmt, kann man erleben, dass die Maschine zusammenbricht und dass Schwierigkeiten auftreten, die vorher nie an ihr beobachtet wurden. Es wäre ein wenig übertrieben zu folgern, dass jemand, der unfähig ist zu kontrollieren, eine Maschine nur anschauen muss, damit etwas falsch läuft. Und doch sind Fälle bekannt, wo dies geschehen ist.

Der hierin enthaltene Faktor ist am Beispiel einer Buchhaltungsabteilung leichter zu verstehen. Jemand, der Zahlen nicht kontrollieren kann, verwickelt natürlich früher oder später die Bücher, die er führt, in Komplexitäten und Verworrenheiten, die sogar ein ausgezeichneter Buchhalter nicht in Ordnung bringen kann.

Der Aktionszyklus dieses Universums besteht aus Starten-Verändern-und-Stoppen. Und das ist auch der Aufbau von Kontrolle. Beinahe das gesamte Fachgebiet der Kontrolle lässt sich in der Fähigkeit zusammenfassen, seine Aktivitäten, seinen Körper und seine Umgebung zu starten-verändern-und-stoppen.

Eine „Gewohnheit" ist lediglich etwas, das man nicht stoppen kann. Hier haben wir ein Beispiel für überhaupt *keine* Kontrolle. Und jenseits der äußersten Grenze haben wir den Schritt völlig *verlorener* Kontrolle. Kontrolle beginnt zu schwinden, wenn man zwar fähig ist, Dinge zu verändern und zu stoppen, jedoch nicht in der Lage ist, sie zu *starten.* Wenn eine Sache einmal in Gang gesetzt ist, kann ein solcher Mensch sie verändern und stoppen. Eine weitere Verminderung der Kontrolle, wenn man das so nennen kann, läge im Verlust der Fähigkeit, etwas zu *verändern* oder dessen Existenz in der Zeit weiterzuführen. Dies ließe einem lediglich die Fähigkeit, Dinge *anzuhalten.* Wenn man schließlich die Fähigkeit verliert, etwas zu stoppen, so ist diese Sache zu einem gewissen Grad zum Herrscher über einen selbst geworden.

Im *Stoppen* von Starten-Verändern-und-Stoppen sehen wir im Wesentlichen die Gesamtheit des stabilen Datums. Wenn man nur ein Teilchen oder ein Datum in einer Verwirrung von Teilchen oder Daten anhalten kann, hat man damit begonnen, diese Verwirrung unter Kontrolle zu bringen.

In dem Fall der zahlreichen Anrufe, die gleichzeitig in einer Zentrale eintreffen und von denen jeder beharrlich die Aufmerksamkeit der Telefonistin erfordert, wird die Kontrolle in der Vermittlung wiederhergestellt, indem die Telefonistin nur einen Anruf stoppt. Es spielt keine Rolle, welcher Anruf gestoppt wird. Die Erledigung nur eines Anrufes erlaubt einem, einen weiteren Anruf zu erledigen und so fort, bis man den Zustand der Zentrale von einer völligen Verwirrung in eine bewältigte Situation verwandelt hat.

Man fühlt sich verwirrt, wenn es in einer Situation nichts gibt, was man *stoppen* kann. Wenn man in einer Situation mindestens eine Sache stoppen kann, wird es möglich werden, auch andere zu stoppen, und schließlich gewinnt man die Fähigkeit zurück, gewisse Faktoren in der Situation zu *verändern.* Hiernach erlangt man allmählich die Fähigkeit, alles in der Situation zu verändern, und ist schließlich in der Lage, eine Handlungskette zu *starten.*

Kontrolle ist also mit Verwirrung sehr eng verbunden.

Ein Arbeiter, der leicht verwirrt wird, ist ein Arbeiter, der etwas nicht kontrollieren kann. Eine Führungskraft, die angesichts einer Notlage panisch reagiert, ist eine Führungskraft, die nicht einmal in guten Zeiten das Gefühl hat, Situationen, mit denen sie als Führungskraft zu tun hat, wirklich starten-verändern-und-stoppen zu können.

Außer-sich-Sein, Hilflosigkeit, Inkompetenz, Leistungsunfähigkeit und andere bei einer Arbeit nicht wünschenswerte Faktoren können allesamt auf Unfähigkeiten, Dinge zu starten-verändern-und-stoppen, zurückverfolgt werden.

Nehmen wir an, eine Fabrik hat einen guten Manager. Der Manager kann die verschiedenen Tätigkeiten, mit denen sich diese Fabrik beschäftigt, starten-verändern-und-stoppen; er kann die verschiedenen Maschinen der Fabrik starten-verändern-und-stoppen, er kann die Rohstoffe und Produkte der Fabrik starten-verändern-und-stoppen; und er kann verschiedene Arbeitstätigkeiten oder Schwierigkeiten starten-verändern-und-stoppen. Aber nehmen wir an, dass diese Fabrik das Pech hat, nur einen Mitarbeiter zu haben, der Dinge starten-verändern-und-stoppen kann. Nun, diese Führungskraft ist unfähig, die Fabrik zu führen, außer wenn sie sich um alle hereinkommenden Rohstoffe kümmert, sämtliche Maschinen ein- und ausschaltet, jedes Materialstück im Betrieb selbst bearbeitet und die fertigen Produkte selbst verschickt.

Ähnlich verhält es sich mit einem Bürovorsteher, der selbst alle Tätigkeiten eines Büros starten-verändern-und-stoppen oder mit ihnen zurechtkommen kann – wenn er der Einzige im Büro wäre, der dies könnte –, wäre er tatsächlich nicht in der Lage, ein sehr großes Büro zu führen.

In einer Fabrik oder in einem Büro ist es also nötig, dass eine Führungskraft, gleichgültig, wie gut sie sein mag, von Untergebenen unterstützt wird, die nichts dagegen haben, von ihr gestartet, verändert und gestoppt zu werden, die aber ihrerseits fähig sind, die Arbeitsgänge oder das Personal in ihrer unmittelbaren Umgebung in der Fabrik zu starten-verändern-und-stoppen.

Angenommen, wir hätten in einer Fabrik oder in einem Büro eine gute Führungskraft und gute Untergebene (wobei „gut" als deren Fähigkeit definiert wird, etwas zu starten-verändern-und-stoppen), dann gäbe es immer noch Schwierigkeiten, wenn wir die Befehlsstufen weiter hinuntergingen und entdeckten, dass wir keine Arbeiter haben, die ihrerseits fähig wären, ihre eigenen bestimmten Tätigkeiten zu starten, zu verändern und zu stoppen. Wir hätten in diesem Fall einen Zustand, bei dem die Führungskraft und der Vorarbeiter dann gezwungen wären, alles selbst zu tun, was wirklich in der Fabrik getan würde. Um wirklich eine gute Fabrik zu haben, müssten wir eine Führungskraft, einen Vorarbeiter und Arbeiter haben, die alle in ihrer eigenen Umgebung fähig wären, Dinge zu starten, zu verändern und zu stoppen, und die gleichzeitig (die Führungskraft eingeschlossen) nichts dagegen hätten, bei ihren Aufgaben gestartet, verändert und gestoppt zu werden - unter der Voraussetzung, dass bestimmte und verständliche Befehle gegeben werden.

Wenn wir dies in Betracht ziehen, verblasst das Bild immer mehr, das uns in Fabriken und Büros einheitlich von „Verwaltung" und „Arbeitern" gemalt wurde. Sobald wir einen bestimmten Arbeiter in einer Fabrik entdecken, der weder sich noch etwas anderes zu starten, zu verändern oder zu stoppen hat, dann hätten wir jemanden, der diese Bezeichnung für „Arbeiter" verdienen würde. Es ist offensichtlich, dass, vom höchsten Vorstandsmitglied bis zum untersten Arbeiter auf der Lohnliste, jeder Einzelne von ihnen damit beschäftigt ist, Leute, Materialien, Maschinen, Produkte oder Teile der Umgebung zu starten, zu verändern und zu stoppen. Mit anderen Worten, jeder Einzelne von ihnen in einer Fabrik oder einem Büro leitet eigentlich irgendetwas.

Sobald eine Führungskraft das einsieht, ist sie fähig, einen viel leistungsfähigeren Betrieb zu führen, da sie somit fähig wird, unter sich diejenigen Leute auszusuchen, die am besten in der Lage sind, etwas zu starten, zu verändern und zu stoppen.

Diese können durch ihr Vorbild andere in eine Geisteshaltung bringen, in der auch sie bereit sind, Dinge mit Bestimmtheit zu starten-verändern-und-stoppen.

Jedoch gibt es heutzutage unter den Führungskräften, Vorarbeitern oder Arbeitern Leute, die entweder *ausschließlich* bei dem einen oder anderen Faktor von Kontrolle stecken geblieben sind oder die unfähig sind, *irgendeinen* der Faktoren von Kontrolle auszuüben. Daher haben wir in jeder Fabrik, in jedem Büro, Betrieb oder jeder sonstigen Aktivität – selbst in der Regierung – ein beträchtliches Ausmaß an Verwirrung, die es nicht gäbe, wenn die dort tätigen Leute in der Lage wären zu kontrollieren, was sie kontrollieren sollten.

Es gibt Leute in der Alltagswelt, seien es Manager oder Pförtner, die beispielsweise auf *Starten* fixiert (stecken geblieben) sind. Diese Leute können Tag und Nacht etwas starten, aber sie kommen nie in Gang. Solche Leute sprechen von großen Plänen und großen Geschäften. Sie sprechen ganz begeistert vom „Weiterkommen", scheinen aber selbst nie vom Fleck zu kommen.

Andere, gleichgültig, welcher Gruppe oder Klasse sie angehören, sind auf *Verändern* fixiert. Dies äußert sich in der Regel dadurch, dass sie darauf bestehen, dass alles „in Bewegung bleiben sollte". Sie sprechen die ganze Zeit darüber, dass die Dinge „am Laufen bleiben" müssen; sie hören aber nicht auf neue Ideen und wollen keine neuen Maschinen installieren, da es dann nötig würde, alte Maschinen anzuhalten und neue in Gang zu setzen. So bekommen wir veraltete Fabriken und Systeme, die auf ewig beibehalten werden, obwohl sie längst jeder Nützlichkeit oder jedes wirtschaftlichen Wertes entbehren. Eine Unterabteilung hiervon bilden jene Menschen, die *immer alles verändern* müssen. Dies ist tatsächlich eine andere Manifestation des Versuchs, „etwas in Bewegung zu halten". Aber anstatt etwas in Gang zu halten, stellen diese Menschen ständig alles um, was umgestellt werden kann. Wenn eine Anweisung gegeben wird, verändern sie die Anweisung. Wenn sie einen Befehl erhalten zu gehen, ändern sie ihn auf bleiben um. Wie man sehen wird, ist dies aber ein Zustand der Unausgeglichenheit – in dem diese Leute in Wirklichkeit unwillig sind, irgendetwas irgendwo in Bewegung zu halten, und in Wirklichkeit vom Drang besessen sind, alles zu *stoppen.*

Firmen, Betriebe, Fabriken, Schiffe und selbst die Regierung werden zum Opfer, besonders jener Leute, die etwas nur *stoppen* können. Gleichgültig, wie gut irgendeine Einheit läuft, es wird irgendein Befehl herausgegeben, der stoppt, was auch immer dort getan wird. Solche Leute begnügen sich damit festzustellen, dass irgendetwas geschehen *wird,* damit sie es stoppen können. Gewöhnlich vermeidet man dies, indem man solche Leute „nicht darüber informiert", dass etwas läuft.

Wir sehen also, dass es Leute gibt, die den Aktionszyklus des Startens-Veränderns-und-Stoppens missbrauchen und selbst an dem *einen* oder anderen Faktor des Aktionszyklus stecken geblieben oder unfähig sind, *irgendeinem* Faktor darin standzuhalten - was natürlich bedeutet, dass sie sich in einer dauernden und beschwerlichen Verwirrung befinden.

Es ist bemerkenswert, dass Leute, die etwas nur starten können, in der Regel schöpferisch sind. Vom Künstler, vom Schriftsteller, vom Designer wird erwartet, dass er etwas in Gang setzt. Er könnte sicherlich auch fähig sein, es fortzuführen oder es zu stoppen, aber seine eigentliche Funktion liegt im *Erschaffen.*

Es gibt unter sehr verstandesbetonten und guten Leuten solche, deren größte Fähigkeit darin besteht, etwas fortzuführen. Sie können auch etwas in Gang setzen und es stoppen, wenn sie es wirklich fortzuführen verstehen. Diese Leute sind es, auf die wir uns verlassen, was das *Überleben* einer Firma oder einer Tätigkeit betrifft.

Dann gibt es jene Gruppe, die von der Gesellschaft benutzt wird, um etwas zu stoppen. Solche Leute haben normalerweise eine Polizeifunktion. Bestimmte Dinge werden als schlecht erklärt, und die so bezeichneten Dinge werden Leuten übergeben, die sie stoppen. Fehlerhafte Herstellung wird von Aufsehern gestoppt. Bestechung, Korruption oder Verbrechen werden von der Polizei gestoppt. Andere, nationalistische oder aggressive Personen, werden vom Militär gestoppt. Es sollte Sie nicht überraschen, dass diese Spezialisten im Stoppen sich dabei natürlich auf *Zerstörung* spezialisieren.

Es sollte Sie außerdem nicht überraschen, dass man auf diejenigen schauen sollte, deren Arbeit darin besteht, sich im Stoppen zu spezialisieren, wenn man die Elemente der Gesellschaft betrachtet, die am ehesten die Gesellschaft zum Verfall bringen.

Während diese Leute meist eine sehr nützliche Funktion in der Gesellschaft als solcher erfüllen, so würden sie den Staat und das Volk zerstören, wie man seit Napoleons Zeiten weiß, wenn sie - wie in einem Polizeistaat - alle Macht hätten. Die allerletzte Nation, die den gesamten Staatsapparat der Polizei übergab, war Deutschland. Und Deutschland wurde sehr gründlich gestoppt. Deutschland hat auch nichts als Zerstörung bewirkt.

Wenn wir eine Gesellschaft haben, die es sehr gut versteht, etwas zu starten, haben wir eine schöpferische Gesellschaft. Wenn wir eine Gesellschaft haben, die Dinge sehr gut in Bewegung halten kann, dann haben wir eine Gesellschaft von Dauer. Wenn wir eine Gesellschaft haben, die nur fähig ist, Dinge anzuhalten, haben wir eine Gesellschaft, die zerstörerisch ist oder die selbst zerstört wird.

Deshalb müssen wir einsehen, dass ein Gleichgewicht unter diesen drei Faktoren des Startens-Veränderns-und-Stoppens notwendig ist. Nicht nur beim Individuum, sondern auch in einem Betrieb. Und nicht nur in einem Betrieb, sondern auch in einer Nation. Wenn man nur einen dieser Faktoren beherrscht, ist die eigene Nützlichkeit beträchtlich eingeschränkt.

Der optimale Zustand wäre für jedermann - vom Manager bis hinunter zum Hausmeister -, fähig zu sein, etwas zu starten, zu verändern und zu stoppen sowie zu ertragen, dass man selbst gestartet, verändert und gestoppt wird. Dann hätten wir eine ausgeglichene und verhältnismäßig unverwirrte Geschäftstätigkeit. Kein Betrieb kann erfolgreich sein, es sei denn, er ist richtig in Gang gesetzt worden, es sei denn, er schreitet durch die Zeit voran oder ändert seine Position im Raum und es sei denn, er ist fähig, schädliche Praktiken und sogar die Konkurrenz zu stoppen.

Wie bei einer Nation oder einem Betrieb, so wäre es auch beim Einzelnen, der eine einzelne Arbeitsstelle innehat. Er sollte fähig sein, alles unter seiner unmittelbaren Kontrolle zu starten-verändern-und-stoppen. Wenn er eine Maschine bedient, sollte er fähig sein, die Maschine in Gang zu setzen, in Bewegung zu halten (zu verändern) und zu stoppen. Und das sollte aufgrund seiner eigenen Bestimmung geschehen. Seine Maschine sollte nicht von irgendeinem Ingenieur und zu irgendeiner

Tageszeit ohne jede Beachtung seinerseits in Gang gesetzt und gestoppt werden. Ferner sollte er, wenn er dachte, dass die Maschine ausgeschaltet und geölt werden sollte, das Recht haben, dies zu tun, ohne sich gegen Angriffe irgendeines Maschinenvorarbeiters wehren zu müssen, der - ohne die Situation zu begreifen - nur beobachtet hat, dass eine Maschine angehalten wurde, die seiner Meinung nach laufen sollte.

Selbst ein Hausmeister müsste fähig sein, die verschiedenen Dinge, die mit seiner speziellen Arbeit zu tun haben, zu starten-verändern-und-stoppen, wenn er überhaupt etwas leisten will und als Ergebnis eine Flucht sauberer Büros oder eine saubere Fabrik bekommen will. Er sollte nicht weiterfegen müssen, nachdem der Boden sauber ist. Und er sollte nicht aufhören müssen zu fegen, bevor er den Boden gesäubert hat. Und er sollte in der Lage sein, mit dem Fegen des Bodens dann zu beginnen, wenn er glaubt, dass dieser gefegt werden sollte. Wenn er fähig ist, diese Dinge zu tun, wird er natürlich auch fähig sein, mit seinen Kollegen zusammenzuarbeiten und selbst in seiner Tätigkeit angehalten, in Gang gesetzt oder so umgestellt zu werden, dass er *seine* Arbeit ausführen kann, während er es gleichzeitig den anderen ermöglicht, *ihre* Arbeit zu erledigen.

Bei diesen Beispielen fassen wir jedoch eine Nation, eine Fabrik, ein Büro, eine kleinere Abteilung oder Dienststelle ins Auge, die ohne jede Aufsicht arbeitet. Während es Führungskräfte, Vorarbeiter und Arbeiter geben mag, ist zu bezweifeln, dass die Aufsicht über andere viel von jemandes Zeit beanspruchen würde. Aufsicht kommt ins Spiel, wenn die Fähigkeit des Arbeiters, Vorarbeiters und der Führungskraft nachlässt, das, was sie handhaben und kontrollieren sollen, zu starten-verändern-und-stoppen. Je weniger die Menschen fähig sind, Leute oder Dinge unter ihrer unmittelbaren Kontrolle in Gang zu setzen, zu verändern und zu stoppen, umso mehr Aufsicht benötigen sie. Wenn Aufsicht bis zu 80 Prozent der Firmentätigkeiten ausmacht, ist die Verwirrung mit Sicherheit so groß, dass daraus in solchem Maße unrationelles Arbeiten resultiert, dass die Tätigkeit zerstört wird.

Aufsicht bedeutet im Grunde Kritik am Untergebenen. Sie deutet an, dass der Untergebene im Bereich der Kontrolle nicht fähig ist oder davon nichts versteht.

Kooperation und „Ausrichtung von Tätigkeiten" ist etwas anderes als Aufsicht. Man hat nicht unbedingt Aufsicht, wenn man eine Befehlskette hat. Man *hat* jedoch eine koordinierte Planung für alle Arbeitsvorgänge, die dann an andere in dem Betrieb weitergegeben wird, damit eine Koordination stattfinden kann. Wenn sich alle über den Wert einer bestimmten Arbeit einig wären und wenn jeder darin Beschäftigte fähig wäre, wirklich jene Gegenstände oder Menschen zu kontrollieren, die in seiner unmittelbaren Aktionssphäre liegen, würde die Planung sich mit nicht viel Aufsicht befassen müssen, um die Ausführung der betreffenden Ideen sicherzustellen. Das ist ein sehr hochgesteckter Traum. Nur wenn Scientology sich gründlich betätigt hat, kann so etwas vorkommen – dass eine Organisation in Eintracht mit sich selbst ohne Aufsicht oder Strafmaßnahmen funktioniert.

Man kann die Arbeiter, die einen umgeben, danach beurteilen, in welches Ausmaß an Verwirrung sie verstrickt sind. Diese Verwirrung zeigt einem sofort den Grad an Unfähigkeit, Dinge zu kontrollieren. Diese Unfähigkeit, Dinge zu kontrollieren, mag nicht ausschließlich die Schuld des Arbeiters sein. Es gibt zwei Dinge, die psychotisch sein können: Das eine ist die Umgebung und das andere der Mensch selbst. Ein geistig gesunder Mensch hat in einer geisteskranken Umgebung Schwierigkeiten. Ein geisteskranker Mensch hat selbst in der geistig gesündesten und geordnetsten Umgebung Schwierigkeiten. So spielen bei jeder Tätigkeit zwei Faktoren eine Rolle: der Mensch und die Umgebung. Man könnte auch sagen, dass bei jedem Betrieb zwei Faktoren mitspielen: die Umgebung des Betriebes und der Betrieb selbst. Ein geistig gesunder Betrieb, der versuchen würde, in einer Welt von Wahnsinnigen zu arbeiten, würde sehr große Schwierigkeiten haben weiterzukommen. Auf die eine oder andere Weise würde die Unfähigkeit der Wahnsinnigen, Dinge zu starten-verändern-und-stoppen, ansteckend auf den Betrieb wirken und dessen Leistungsfähigkeit verringern.

Folglich reicht es nicht aus, wenn ein Mensch lediglich fähig ist, seine Arbeit zu kontrollieren. Er muss auch fähig sein, die *Verwirrung* von denjenigen um sich herum zu ertragen, die ihre Tätigkeiten nicht kontrollieren können. Oder er muss fähig sein, vernünftige und stetige *Kontrolle* durch die Menschen in seiner Umgebung zu ertragen.

Geisteskrankheit ist ansteckend. Verwirrung ist ansteckend. Haben Sie sich je mit einem verwirrten Menschen unterhalten, ohne sich am Ende der Unterhaltung selbst ein wenig verwirrt zu fühlen? So verhält es sich auch mit der Arbeit. Wenn man mit sehr vielen unfähigen Leuten zusammenarbeitet, beginnt man sich selbst unfähig zu fühlen. Es reicht nicht aus, allein zu leben. Es ist unmöglich, allein zu arbeiten. Wenn man das versteht, so begreift man auch, dass die Fähigkeit, die Maschinen oder Werkzeuge zu kontrollieren, mit denen man unmittelbar umgeht, auch die Fähigkeit mit einschließen muss, anderen in seiner Umgebung dabei zu helfen, jene Dinge zu kontrollieren, mit denen *sie* arbeiten.

Manch guter Arbeiter ging einer Fabrik verloren, weil er mit der Qualität seiner eigenen Arbeit nicht zufrieden war; er wurde bei seiner Arbeit mit so vielen verwirrten Elementen und Befehlen konfrontiert, dass er schließlich rebellierte. So können gute Arbeiter verdorben werden. Es ist in jeder Abteilung möglich, die Leute zu finden, die gute Arbeiter verderben. Es sind jene Leute, die nicht fähig sind, Kommunikationen oder Maschinen zu starten, zu verändern und zu stoppen, und die selbst am ehesten außer sich geraten und verwirrt werden. Das sind diejenigen Leute, die lieber Lösungen in den Papierkorb wandern ließen und Probleme an die Aushängetafel geheftet sähen.

Was könnte man tun, wenn man von Leuten umgeben wäre, die verwirrt und unfähig wären, ihre verschiedenen Tätigkeiten zu starten, zu verändern und zu stoppen?

Man könnte selbst fähig genug bei der eigenen Arbeit werden, um den anderen ein gutes Beispiel zu geben und somit selbst zu einem stabilen Datum in der Verwirrung seiner Umgebung zu werden.

Man könnte sogar noch mehr tun. Man könnte verstehen, wie diese Menschen zu behandeln sind, und mit diesem Verstehen könnte man Ordnung in den Verstand und die Tätigkeit dieser Leute bringen und damit ihrer Unfähigkeit entgegenwirken, die einen möglicherweise selbst berührt. Aber um das Letztere zu schaffen, müsste man sehr viel über Scientology und ihre verschiedenen Prinzipien wissen - das sprengt jedoch den Rahmen des vorliegenden Buches.

Für den einzelnen Arbeiter, der gute Arbeit leisten, seine Stelle behalten und aufsteigen möchte, reicht es fast aus, wenn er seine Arbeit gründlich versteht, sodass ihn kein Teil davon verwirrt und er alles das starten-verändern-und-stoppen kann, womit er bei dieser Tätigkeit zu tun hat; und dass er es selbst verträgt, von seinen Vorgesetzten gestartet, verändert und gestoppt zu werden, ohne deshalb aus dem Gleichgewicht zu geraten. Mit anderen Worten, der größte Vorzug und die beste Arbeitslosenversicherung, die ein Arbeiter haben könnte, wäre jene *innere Ruhe* in Bezug auf seine Tätigkeit. Eine innere Ruhe stammt von der Fähigkeit, die Gegenstände und Tätigkeiten, mit denen er zu tun hat, zu starten-verändern-und-stoppen, und aus der Fähigkeit, von anderen gestartet, verändert und gestoppt zu werden, ohne dabei selbst ebenso verwirrt wie diese zu werden.

Somit ist das Geheimnis einer gut ausgeführten Arbeit das Geheimnis der Kontrolle selbst. Man fährt nicht nur damit fort, eine Stellung Tag um Tag, Woche um Woche, Monat um Monat neu zu erschaffen. Man führt auch die Arbeit fort, indem man ihr erlaubt, sich weiterzuentwickeln. Und man ist auch fähig, jeden Arbeitszyklus zu unterbrechen oder zu beenden und abgeschlossen sein zu lassen.

Arbeiter werden meistens die Opfer von Vorgesetzten, Untergebenen oder Ehepartnern, die selbst nicht fähig sind, irgendetwas zu kontrollieren, jedoch selbst nicht kontrolliert werden möchten und die auf merkwürdige Weise von dem Gedanken der Kontrolle besessen sind. Ein Arbeiter, der derart in unmittelbarem Kontakt mit etwas steht, das er selbst nicht kontrollieren kann und das andererseits nicht wirklich und wahrhaftig in der Lage ist, ihn zu kontrollieren, arbeitet in einem verwirrten Zustand, der nur zu Schwierigkeiten und einer Abneigung gegen Arbeit selbst führen kann.

Man kann sagen, dass das einzig Schlechte am Arbeiten darin besteht, dass die Arbeit so häufig mit Unfähigkeiten im Hinblick auf Kontrolle verbunden ist. Wenn diese Unfähigkeiten vorliegen, erscheint die Arbeit ermüdend, beschwerlich und uninteressant und man würde lieber alles andere tun, als diese bestimmte Arbeit fortzusetzen. Dafür gibt es viele Lösungen. Die erste wäre, die Kontrolle über die vorhandenen Dinge oder Funktionen wiederzuerlangen, mit denen man bei der Arbeit in unmittelbarem Kontakt steht.

Jedoch ist Kontrolle allein kein Allheilmittel. Wenn sie das wäre, so müsste man alles kontrollieren können, um glücklich zu werden - nicht nur die eigene Arbeit, sondern alles in einem Büro oder auf der Welt. Bei der Untersuchung von Kontrolle entdecken wir, dass sie nur den unmittelbaren Tätigkeitsbereich umfassen sollte. Wenn jemand versucht, seine Kontrolle weit über sein aktives Interesse an einem Arbeitsbereich oder am Leben auszudehnen, stößt er auf Schwierigkeiten. So gibt es eine Begrenzung des „Kontrollbereiches", bei deren Verletzung viele andere Dinge in Mitleidenschaft gezogen werden. Es ist fast eine Maxime, dass jemand, der fortwährend versucht, außerhalb seines eigenen Zuständigkeitsbereichs tätig zu sein, sich nicht um diesen kümmert. Es wurde übrigens innerhalb der Scientology Organisationen entdeckt, dass ein Mensch, der sich ständig mit Dingen weit *außerhalb* seines eigentlichen Interessenbereiches beschäftigt, sein *wirkliches* Interessengebiet nicht ausschöpft.

Es gibt somit offensichtlich neben Kontrolle einen weiteren Faktor, der hier bedeutsam ist. Dieser Faktor ist Bereitschaft, *nicht zu kontrollieren,* und er ist ebenso wichtig wie *Kontrolle* selbst.

KAPITEL FÜNF

Das Leben als Spiel

KAPITEL FÜNF

Das Leben als Spiel

Es liegt auf der Hand, dass jemand, der alles kontrollierte, kein SPIEL hätte. Es gäbe im Leben keine unvorhersagbaren Faktoren, keine Überraschungen. Wir könnten das eine Hölle beträchtlichen Ausmaßes nennen.

Wenn man alles völlig kontrollieren könnte, wäre man natürlich in der Lage, absolut alles vorherzusagen. Wenn man Verlauf und Aktion jeder Bewegung in der Gesamtheit des Daseins vorhersagen könnte, hätte man natürlich kein wirkliches Interesse daran.

Wir haben bereits die Notwendigkeit der Kontrolle über die unmittelbaren Arbeitsgegenstände besprochen. Denken Sie aber daran, dass es notwendig ist, sofern man diese unmittelbaren Gegenstände kontrolliert, andere Gegenstände oder Umgebungen zu haben, die man *nicht* völlig kontrolliert. Warum?

Weil DAS LEBEN EIN SPIEL IST.

Das Wort „Spiel“ wird hier mit Bedacht verwendet. Wenn man in einen bisweilen titanischen Existenzkampf verstrickt ist, lässt man leicht die Tatsache außer Acht, dass es im Leben Freude gibt. Man bezweifelt leicht, dass es so etwas wie Spaß geben kann. In der Tat beginnen Leute, wenn sie an die dreißig sind, darüber nachzudenken, was mit ihrer Kindheit geschehen ist, als sie Dinge wirklich zu genießen verstanden.

Man beginnt, sich die Frage zu stellen, ob „die Freude am Leben" nicht selbst eine Art Falle ist. Und man denkt allmählich, dass es nicht gut ist, sich allzu sehr für neue Leute und neue Dinge zu interessieren, da diese einem doch nur Kummer machen werden. Es gibt Leute, die sich in Anbetracht der Tatsache, dass Verlust so großen Schmerz verursacht, entschlossen haben, besser erst gar nichts zu erwerben. Es ist, ihrer Meinung nach, weitaus besser, ein Leben nur mittelmäßiger Entbehrungen zu führen, als ein Leben in beträchtlichem Luxus - da dann Schmerz über den Verlust dessen, was sie haben, weit geringer wäre.

Das Leben ist jedoch ein Spiel. Es ist sehr einfach, im Kricket oder im Fußball das Spiel zu sehen. Es ist nicht so einfach, das Leben als Spiel zu sehen, wenn man gezwungen ist, vor Sonnenaufgang aufzustehen, und erst nach Sonnenuntergang nach Hause kommt - nach einem Tag beschwerlicher und verhältnismäßig schlecht entlohnter Mühen. Man wird wahrscheinlich bestreiten, dass eine solche Tätigkeit überhaupt ein Spiel sein könnte. Nichtsdestoweniger ist es offensichtlich - in verschiedenen Versuchen, die in der Scientology durchgeführt wurden -, dass das Leben im Wesentlichen ein Spiel ist, gleichgültig, welche emotionale Tonstufe darin vorherrschend ist oder nicht. Und dass die Elemente des Lebens selbst die Spielelemente sind.

JEDE ARBEIT IST EIN SPIEL.

Ein Spiel besteht aus Folgendem:

FREIHEIT, BARRIEREN UND ZIELSETZUNGEN.

Es sind noch viele kompliziertere Faktoren an Spielen beteiligt; aber diese werden in der Scientology alle aufgeführt.

Der wichtigste dieser Faktoren ist die Notwendigkeit in einem Spiel, einen Gegner oder Widersacher zu haben. Ebenso ist es eine Notwendigkeit, Probleme zu haben. Eine weitere Notwendigkeit besteht darin, genügend Individualität zu haben, um mit der Situation fertig zu werden. Um das Leben wirklich voll und ganz zu führen, muss man also, außer „etwas zu tun", eine höhere Zielsetzung haben. Und dieser Zielsetzung müssten, wenn sie überhaupt eine Zielsetzung sein soll, Gegen-Zielsetzungen entgegenstehen oder Zielsetzungen, die die Realisierung verhindern. Man benötigt einzelne Menschen, die der eigenen Zielsetzung oder den eigenen Aktivitäten Widerstand entgegensetzen. Und wenn diese Gegebenheiten fehlen, wird man sie mit Sicherheit erfinden.

„Jede Arbeit ist ein Spiel."

Das Letztere ist sehr wichtig. Wenn es jemandem an eigenen Problemen, Gegnern und Gegen-Zielsetzungen mangelt, *so wird er sie erfinden.* Hier liegt praktisch die Gesamtheit der „Aberration". Aber direkter mit unseren Zielsetzungen verbunden, haben wir die Schwierigkeiten, die aus der Arbeit erwachsen.

Wenn wir einen Vorarbeiter hätten, der alles in seiner Umgebung fähig kontrollierte und nichts anderes täte, und wenn dieser Vorarbeiter seelisch nicht ganz ausgeglichen wäre (d. h., wenn er menschlich wäre), würden wir ihn dabei ertappen, wie er für die unterstellten Arbeiter Persönlichkeiten und Gründe *erfindet,* warum sie sich ihm widersetzen und auch tatsächlich Opposition erfindet. Wir werden ihn dabei ertappen, wie er eine oder mehrere seiner Arbeitskräfte aussucht, um sie mit seiner Meinung nach „sehr guten Gründen" zu verdammen - aber in Wirklichkeit aus keinem anderen Grund, als dass der Vorarbeiter aus einer Besessenheit heraus Gegner braucht. Nun, sehr viele damit zusammenhängende Klassifizierungen können hier hineininterpretiert werden, und zwar mit Hilfe von veralteten Analysen des Geistes. Aber keine von ihnen braucht untersucht zu werden. Tatsache ist, dass ein Mensch ein Spiel haben muss. Und wenn er keines hat, so wird er eines schaffen. Wenn dieser Mensch aberriert und nicht ganz kompetent ist, wird er ein außerordentlich aberriertes Spiel schaffen.

Wenn eine Führungskraft feststellt, dass in ihrer unmittelbaren Umgebung alles viel zu glatt verläuft, wird sie wahrscheinlich Schwierigkeiten schaffen, nur um etwas zu tun zu haben - es sei denn, diese Führungskraft befände sich in einer sehr guten geistigen Verfassung. So bekommen wir Geschäftsführungen, die oft ohne jede tatsächliche Veranlassung behaupten, dass die Arbeiter gegen sie seien. Gleichermaßen ist gelegentlich die Arbeiterschaft überzeugt, dass die Geschäftsführung, die in Wirklichkeit recht fähig ist, gegen sie eingestellt sei. Hier ist ein Spiel erfunden worden, wo es eigentlich kein Spiel geben kann.

Wenn Leute sehr kurzsichtig werden, können sie nicht wirklich über ihre eigene Umgebung hinaussehen. Es gibt - in jedem Büro, jeder Fabrik oder bei jeder Tätigkeit - das Spiel des Büros, der Fabrik oder der Tätigkeit selbst gegen ihre Konkurrenz und gegen ihre äußere Umwelt.

Wenn dieses Büro, diese Fabrik oder Tätigkeit und alle daran beteiligten Angestellten sich völlig vernünftig und effektiv verhalten, wählen sie die Außenwelt und andere Konkurrenzbetriebe für ihr Spiel. Wenn sie dem nicht gewachsen und unfähig sind, das wirkliche Spiel zu sehen, erfinden sie ein Spiel. Und man wird beginnen, dieses Spiel innerhalb des Büros und innerhalb der Fabrik zu spielen.

Es gibt Spiele zwischen Einzelnen und solche zwischen Mannschaften. Mannschaften spielen gegen Mannschaften; Einzelne spielen gegen Einzelne. Wenn man einem Einzelnen nicht erlaubt, uneingeschränkt in der Mannschaft mitzuarbeiten, wählt er leicht andere Mitglieder der Mannschaft zum Gegner. Denn, denken Sie daran, der Mensch *muss* ein Spiel haben.

Aus diesen Komplexitäten erwachsen die verschiedenen Komplexitäten bei der Arbeit und die Probleme der Produktion und Kommunikation.

Wenn jeder in einer Fabrik fähig wäre, seinen eigenen Interessensbereich zu kontrollieren und die ihm zugewiesene Arbeit zu tun, dann gäbe es eigentlich keinen Mangel an Spielen. Denn es gibt andere Fabriken, andere Tätigkeiten in der Außenwelt, und diese versorgen jeden vernünftigen Betrieb ausreichend mit Spielen. Aber nehmen wir einmal an, dass die Leute in einer Organisation ihren eigenen Bereich nicht kontrollieren können, ihre eigenen Tätigkeiten nicht kontrollieren können und wie besessen versuchen, aberrierte Spiele um sich herum zu schaffen. Dann hätten wir den Fall, dass die Fabrik, das Büro oder der Konzern nicht fähig wäre, ihre Umgebung wirksam zu bekämpfen, und sie würden mangelhaft produzieren, wenn nicht gar zusammenbrechen.

Aberriert oder nicht aberriert, fähig oder nicht fähig, denken Sie daran, das Leben ist ein Spiel. Und das Motto jedes lebenden Individuums, jedes lebenden Teams lautet:

ES *MUSS* EIN SPIEL GEBEN.

Wenn Individuen sich in einem guten geistigen und körperlichen Zustand befinden, spielen sie das Spiel, das klar zu erkennen ist und auf der Hand liegt.

Wenn sie sich nicht in einem guten Zustand befinden und wenn sie selbst unfähig sind, ihre unmittelbare Umgebung zu kontrollieren, werden sie beginnen, mit ihren Werkzeugen zu spielen.

An diesem Punkt merkt der Maschinenarbeiter, dass seine Maschine plötzlich nicht produzieren kann. Man wird nicht so weit gehen und sagen, dass er die Maschine tatsächlich kaputtmacht, um sein Spiel mit ihr zu treiben. Aber er wird sich hinsichtlich der Maschine ständig in einem leichten Wutzustand befinden.

Der Buchhalter, unfähig, seine unmittelbaren Berufswerkzeuge zu kontrollieren, und nicht gut in den Konzern eingepasst, wird beginnen, ein Spiel mit seinen eigenen Zahlen zu treiben, und keine Bilanzen aufstellen können. Seine Rechenmaschine wird nicht funktionieren, seine Papiere werden verloren gehen, und andere Dinge werden vor seiner Nase geschehen, die nie eintreten dürften. Und wenn er gut in Form wäre und das richtige Spiel spielen könnte, d. h., dafür sorgen könnte, dass andere Leute in der Firma in Bezug auf ihre Konten und Zahlen ehrlich bleiben, wäre er leistungsfähig.

Leistungsfähigkeit könnte man also definieren als „die Fähigkeit, das gegenwärtige Spiel zu spielen“. Leistungsunfähigkeit könnte man definieren als „eine Unfähigkeit, das gegenwärtige Spiel zu spielen, verbunden mit einer Notwendigkeit, Spiele mit Dingen zu erfinden, die man eigentlich mit Leichtigkeit kontrollieren können sollte“.

Das klingt fast zu einfach, aber zum Leidwesen für die Professoren, die sich bemühen, Dinge zu verkomplizieren, ist es so einfach. Natürlich gibt es eine Reihe von Möglichkeiten, wie Menschen aberriert werden können. Aber das ist nicht das Thema dieses Buches. Das Thema dieses Buches ist Arbeit.

Wenn man jetzt einsieht, dass das Leben ein Spiel sein *muss,* sollte man einsehen, dass es für das Gebiet, das man kontrolliert und bei dem man trotzdem ein Interesse am Leben behält, eine Grenze gibt. Interesse wird hauptsächlich durch das Unvorhersehbare angeregt. Kontrolle ist wichtig. Nicht-Kontrolle ist eigentlich noch wichtiger. Um eine Maschine wirklich perfekt zu bedienen, muss man *bereit* sein, entweder sie zu kontrollieren oder sie nicht zu kontrollieren.

Wenn Kontrolle selbst zu einer Besessenheit wird, fangen wir an, etwas an ihr auszusetzen. Der Mensch, der absolut alles in seinem Blickfeld kontrollieren muss, ist für uns alle unangenehm. Und dieser Mensch ist der Grund, weshalb wir begonnen haben, an Kontrolle etwas auszusetzen.

Es klingt sehr seltsam, wenn man sagt, dass *Nicht*-Kontrolle auch unter Kontrolle bleiben muss. Aber das ist im Wesentlichen richtig. Man muss *bereit* sein, gewisse Teile der Welt unkontrolliert zu lassen. Wenn man das nicht kann, fällt man schnell die Skala hinunter, in einen Zustand, in dem man sich wie besessen bemüht, Dinge zu kontrollieren, die zu kontrollieren man nie in der Lage sein wird, und macht sich selbst damit unglücklich, beginnt an seiner Fähigkeit zu zweifeln, jene Dinge zu kontrollieren, die man eigentlich kontrollieren können sollte, und verliert so auf die Dauer seine Fähigkeit, überhaupt etwas zu kontrollieren. Und das ist im Wesentlichen das, was wir in der Scientology die „enger werdende Abwärtsspirale der Kontrolle" nennen.

Es gibt geistige Faktoren, die wir hier nicht diskutieren wollen, die dazu neigen, die Fehlschläge beim Kontrollieren in einem Ausmaß anzusammeln, dass kein Vertrauen mehr in das eigene Kontrollvermögen vorhanden ist. Die Wahrheit ist, dass ein Mensch sich tatsächlich danach sehnt, irgendeinen Bereich seines Lebens unkontrolliert zu lassen. Wenn dieser Bereich des Lebens einem genügend wehtut, dann findet man sich mit der Notwendigkeit der Kontrolle dieses Bereiches ab und macht sich selbst also relativ unglücklich, wenn man nie dazu fähig sein wird.

Ein Spiel besteht aus Freiheit, Barrieren und Zielsetzungen. Es besteht auch aus Folgendem:

KONTROLLE und NICHT-KONTROLLE.

Ein Gegner in einem Spiel *muss* ein unkontrollierter Faktor sein. Andernfalls würde man genau den Verlauf des Spiels und seinen Ausgang kennen. Und es wäre überhaupt kein Spiel. Wenn eine Fußballmannschaft vollkommen in der Lage wäre, die gegnerische Fußballmannschaft zu kontrollieren, hätten wir kein Fußballspiel. Das ist eine Angelegenheit von „kein Wettkampf". Es gäbe keine Freude und es wäre kein Sport, dieses Fußballspiel zu spielen.

Wenn nun ein Fußballspieler beim Spiel ernsthaft verletzt wurde, tritt für *ihn* in das Fußballspiel ein neuer unbekannter Faktor ein. Diese Verletzung ist in dem angesiedelt, was wir den „reaktiven Verstand" nennen. Es handelt sich um einen Verstand, der unsichtbar und ständig tätig ist. Man arbeitet normalerweise mit dem, was wir den „analytischen Verstand" nennen, und darüber wissen wir alles. Alles, was wir vergessen haben, oder Augenblicke der Bewusstlosigkeit und des Schmerzes werden im reaktiven Verstand eingeschlossen und können sich dann auf den Einzelnen so *auswirken,* dass er davon abgehalten wird, etwas zu tun, was *einst* gefährlich war. Obwohl das ein relativ technisches Thema ist, ist es dennoch notwendig zu begreifen, dass die eigene Vergangenheit dazu neigt, sich anzusammeln und den Menschen in der *Zukunft* zu quälen. So auch im Fall des Fußballspielers. Während er Fußball spielt, wird er leicht von der früheren Verletzung, die er beim Fußball erlitten hat, *restimuliert* oder *reagiert auf* die alte Verletzung und empfindet daher weniger Spaß beim Fußballspiel. Er wird ängstlich. Er wird sehr verbissen, wenn es um Fußball geht. Und das zeigt sich in einer Bemühung, die Spieler einer anderen Mannschaft aktiv zu kontrollieren, damit sie ihn nicht wieder verletzen.

Bei einem Motorradrennen wurde ein berühmter Motorradfahrer verletzt. In einem anderen Rennen, zwei Wochen später, erlebte man, dass dieser Motorradfahrer ohne Verletzung oder Zwischenfall einfach zu den Boxen hinübersteuerte und so in der fünften Runde ausschied. Er tat dies sofort, nachdem ein Motorrad ihn knapp geschnitten hatte. Er erkannte sofort, dass er nicht in der Lage war, *dieses* Motorrad zu kontrollieren. Er fühlte sich dann unfähig, sein *eigenes* Motorrad zu kontrollieren, und wusste nur noch eines - er musste aus diesem Rennen raus. Und genau wie dieser Motorradfahrer dieses Rennen aufgab, haben wir alle zu irgendeiner Zeit Teile des Lebens aufgegeben.

Bis zu der Zeit nun, in der er diesen Unfall hatte, war der Motorradfahrer völlig abgeneigt, irgendein anderes Motorrad auf der Bahn zu kontrollieren als sein eigenes. Er kümmerte sich nicht um die anderen Motorräder, da sie ihn nie verletzt hatten, und das Motorradrennspiel war immer noch ein Spiel für ihn. Während des Unfalls jedoch gab es einen Augenblick, in dem er versuchte, ein anderes als sein eigenes Motorrad und einen anderen Fahrer zu kontrollieren.

Er versagte bei dieser Bemühung. Daher gibt es in seinem „reaktiven Verstand" ein wirkliches „geistiges Eindrucksbild" davon, wie er versagte, ein Motorrad zu kontrollieren. Daher ist er in späteren Rennen weniger leistungsfähig. Er hat Angst vor seiner eigenen Maschine. Er hat seine eigene Maschine mit der eines anderen gleichgesetzt. Aber das ist ein Versagen in Bezug auf Kontrolle.

Um nun wieder ein guter Motorradrennfahrer zu werden, müsste dieser Mann zu seiner sorglosen Haltung bezüglich der Kontrolle anderer Maschinen und Fahrer auf der Bahn zurückfinden und seine Fähigkeit zur Kontrolle seiner eigenen Maschine wiedergewinnen. Wenn er das vollbrächte, könnte er noch einmal zu einem wagemutigen, fähigen und siegreichen Motorradrennfahrer werden, der großes Können zeigt. Nur ein Praktizierender der Scientology könnte ihn in diesen Zustand zurückführen - und ein Praktizierender der Scientology könnte dies wahrscheinlich in sehr wenigen Stunden erreichen.

Das ist jedoch kein Lehrbuch darüber, wie man frühere Missgeschicke auslöscht, sondern eine Erklärung dafür, warum Leute im Umgang mit ihren unmittelbaren Berufswerkzeugen unfähig werden. Diese Leute haben versucht, die gesamte Umwelt unkontrolliert zu lassen, bis zu dem Moment, als die Umwelt sie *verletzte.* Dann kam ihnen der Gedanke, dass sie mehr als ihre eigene Arbeitsstelle kontrollieren sollten. Sie versagten darin, mehr als ihre eigene Arbeitsstelle zu kontrollieren, und waren sofort davon überzeugt, dass sie unfähig seien, irgendetwas zu kontrollieren. Das ist etwas ganz anderes, als etwas unkontrolliert zu belassen. Fähig zu sein, etwas zu kontrollieren, und fähig zu sein, etwas unkontrolliert zu belassen, sind beide für ein gutes Leben und für eine gute Arbeitsleistung notwendig. Die Überzeugung zu gewinnen, dass man etwas nicht kontrollieren kann, ist etwas ganz anderes.

Das ganze Gefühl von Selbstvertrauen und Kompetenz stammt tatsächlich von der eigenen Fähigkeit, die verschiedenen Gegenstände und Leute in seiner Umgebung zu kontrollieren *oder* unkontrolliert zu belassen.

Wenn ein Mensch von einem Drang besessen wird, etwas zu kontrollieren, das eher außerhalb seines Kontrollbereiches liegt, meint er, die Dinge in seiner Nähe nicht mehr kontrollieren zu können.

Er versinkt schließlich in eine Gemütsverfassung, in der er auf seine eigene Arbeit gar nicht mehr achten kann, sondern nur in die äußere Umgebung hinausreichen und versuchen kann - mit oder ohne Erfolg -, etwas zu stoppen, zu starten oder zu verändern, das in Wirklichkeit sehr wenig mit seiner eigenen Arbeit zusammenhängt. Das erleben wir im Fall des Agitators, des untüchtigen Arbeiters, des Menschen, der versagen wird. Er wird versagen, weil er irgendwann in der Vergangenheit versagt *hat.*

Das ist nicht ganz so hoffnungslos, wie es aussieht, denn um einem Menschen das Gefühl zu geben, dass er unfähig ist, etwas zu kontrollieren, sind wirkliche körperliche Verletzung und sehr starker Zwang nötig. Die Fähigkeit, zu arbeiten oder mit dem Leben zurechtzukommen, wird nicht durch den täglichen Umgang mit Maschinen gemindert. Es stimmt nicht, dass man alt und müde wird und die eigene Fähigkeit zu handeln „sich abnutzt". Es *ist* vielmehr wahr, dass jemand in plötzlichen kurzen Augenblicken verletzt wird und dann diese Verletzung in seine zukünftige Arbeit hineinträgt; diese *Verletzung* verursacht seinen Niedergang. Durch die Auslöschung der Verletzung gewinnt er die Fähigkeit zurück, seine eigene Umgebung zu kontrollieren.

Das ganze Fachgebiet der Arbeit führt uns somit zum Wert von *Nicht-Kontrolle.*

Ein Maschinenarbeiter, der seine Arbeit gut macht, sollte fähig sein, gegenüber seiner Maschine entspannt zu sein. Er sollte in der Lage sein, sie arbeiten zu lassen oder auch nicht arbeiten zu lassen, sie zu starten oder sie nicht zu starten, sie zu stoppen oder sie nicht zu stoppen. Wenn er das alles mit Selbstsicherheit und innerer Ruhe tun kann, dann kommt er mit dieser Maschine zurecht und man wird entdecken, dass die Maschine für ihn gut funktioniert. Nehmen wir nun an, die Maschine „tut ihm weh" - er verletzt sich die Hand an ihr, irgendein anderer Arbeiter stößt im falschen Moment gegen ihn, ein Werkzeug, das man ihm gibt, ist fehlerhaft und zerbricht. Ein echter körperlicher Schmerz tritt in der Situation auf. Er neigt dazu, von der Maschine abzulassen. Er wird sich dann viel stärker auf die Maschine konzentrieren, als er sollte. Er ist nicht länger bereit, sie unkontrolliert zu lassen. Während er mit dieser Maschine arbeitet, *muss er sie kontrollieren.* Jetzt, da er Zwang in die Situation eingebracht hat und er bereits ängstlich in

Bezug auf die Maschine ist, ist es ziemlich sicher, dass er wieder von der Maschine verletzt wird. Dadurch erhält er eine zweite Verletzung. Und nach dieser Verletzung spürt er einen noch stärkeren Drang, die Maschine zu kontrollieren.

Sehen Sie, während der Augenblicke der Verletzung war die Maschine außer Kontrolle. Nun, obwohl „außer Kontrolle" ein Spiel-Zustand ist, wird er von diesem bestimmten Maschinenarbeiter nicht erwünscht oder willkommen geheißen. Schließlich wird er diese Maschine mit großer Sicherheit als eine Art Dämon betrachten. Man kann sagen, dass er die Maschine den ganzen Tag und auch nachts bedient, während er schläft. Er wird seine Wochenenden und Ferien damit verbringen, immer noch diese Maschine zu „bedienen". Schließlich kann er den Anblick dieser Maschine nicht mehr ertragen, und bereits der Gedanke, noch einen Augenblick an ihr zu arbeiten, lässt ihn zurückweichen. Dieses Bild wird ein wenig durch die Tatsache verkompliziert, dass es nicht immer die Verletzung durch seine eigene spezielle Maschine sein muss, die ihm ein Gefühl der Besorgtheit um Maschinen vermittelt. Ein Mensch, der in einen Autounfall verwickelt war, mag mit beträchtlichen Bedenken in Bezug auf Maschinen im Allgemeinen zur Arbeit an einer Maschine zurückkehren. Er fängt an, seine *eigene* Maschine mit *anderen* Maschinen gleichzusetzen, und *alle* Maschinen werden zur *selben* Maschine, und das ist *die* Maschine, die ihn verletzt hat!

Es gibt andere Umstände, die bei leichteren Arbeitsvorgängen hinzukommen.

Bei einem Büroangestellten könnte der Umstand eintreten, dass er aufgrund eines anderen als seines Arbeitsbereiches krank wird, jedoch gezwungen ist zu arbeiten, ob krank oder nicht, weil er wenig freinehmen kann. Die Werkzeuge seiner eigenen Arbeit - seine Aktenschränke, seine Kugelschreiber, Bücher oder der Raum selbst - werden mit seinem Gefühl des Krankseins gleichgesetzt, und er empfindet, dass auch sie „ihn verletzt" haben. So wird er besessen in seiner Kontrolle über sie und lässt in Wirklichkeit, genau wie der Maschinenarbeiter, in seiner Fähigkeit nach, sie zu kontrollieren. Obwohl diese Werkzeuge ihn nicht wirklich verletzt haben, verbindet er sie gedanklich damit, „verletzt zu werden". Mit anderen Worten, er setzt seine eigene Krankheit mit der Arbeit gleich, die er leistet.

So kann selbst ein Büroangestellter - dessen Berufswerkzeuge nicht besonders gefährlich sind - über seine Berufswerkzeuge verstimmt werden, kann zunächst aufgrund seiner Besessenheit eine *äußerst starke* Kontrolle über sie ausüben und dann auf Dauer *jede* Kontrolle über sie aufgeben und das Gefühl haben, dass er sich lieber schlagen ließe, als noch einen Augenblick länger in seinem speziellen Bereich zu arbeiten.

Eine Möglichkeit, einen solchen Zustand zu überwinden, besteht darin, die verschiedenen Berufswerkzeuge und die Umgebung, in der man arbeitet, einfach zu *berühren* oder damit umzugehen. Wenn ein Mensch in einem Büro, in dem er seit Jahren arbeitet, eine vollständige Runde machen würde, die Wände, die Fensterbänke, die Geräte, Tische, Schreibtische und Stühle berühren würde - und dabei sorgsam feststellen würde, wie jedes sich anfühlt, welches die Position jedes Gegenstandes im Verhältnis zu den Wänden und anderen Gegenständen im Raum ist -, würde er sich über das ganze Zimmer viel besser fühlen. Im Wesentlichen würde er in sich selbst den Übergang von einem Zeitpunkt, als er krank oder verletzt war, zur Gegenwart vollziehen.

Die Maxime in diesem Zusammenhang ist folgende:

MAN MUSS SEINE ARBEIT IN DER GEGENWART VERRICHTEN.

MAN DARF NICHT IN DEN FRÜHEREN MOMENTEN DER VERLETZUNG WEITERARBEITEN.

Wenn das Vertrautwerden mit seinen Werkzeugen - oder das Berühren seiner Berufswerkzeuge und die Entdeckung, wo genau und wie sie sind - so heilsam ist, welcher Vorgang steckt dann dahinter?

Wir wollen erst später in diesem Buch einige Verfahren und Übungen erwähnen, die dazu gedacht sind, die eigene Arbeitsfähigkeit wiederherzustellen, und uns einen Augenblick lang diesem neuen Faktor zuwenden.

„Wenn ein Mensch in einem Büro, in dem er seit Jahren arbeitet, eine vollständige Runde machen würde, die Wände, die Fensterbänke, die Geräte, Tische, Schreibtische und Stühle berühren würde – und dabei sorgsam feststellen würde, wie jedes sich anfühlt, welches die Position jedes Gegenstandes im Verhältnis zu den Wänden und anderen Gegenständen im Raum ist –, würde er sich über das ganze Zimmer viel besser fühlen.“

KAPITEL SECHS

Affinität, Realität und Kommunikation

KAPITEL SECHS

AFFINITÄT, REALITÄT UND KOMMUNIKATION

ES GIBT IN DER SCIENTOLOGY drei Faktoren, die bei der Bewältigung des Lebens von größter Bedeutung sind. Diese drei Faktoren beantworten die folgenden Fragen: Wie sollte ich mit anderen Leuten sprechen? Wie kann ich den Leuten etwas verkaufen? Wie kann ich anderen Leuten neue Ideen vermitteln? Wie kann ich herausfinden, woran die Leute denken? Wie kann ich meine Arbeit besser bewältigen?

Wir bezeichnen dies in der Scientology als das A-R-K-DREIECK.

Es heißt Dreieck, weil es drei miteinander im Zusammenhang stehende Punkte hat.

Der erste dieser drei Punkte ist:

AFFINITÄT.

Der zweite dieser Punkte ist:

REALITÄT.

Der dritte und wichtigste Punkt ist:

KOMMUNIKATION.

Diese drei Faktoren stehen miteinander im Zusammenhang.

„Wir bezeichnen dies in der Scientology als das A-R-K-DREIECK. Es heißt Dreieck, weil es drei miteinander im Zusammenhang stehende Punkte hat. Der erste dieser drei Punkte ist: Affinität. Der zweite dieser Punkte ist: Realität. Der dritte und wichtigste Punkt ist: Kommunikation."

Mit Affinität meinen wir „emotionale Reaktion". Wir meinen „das Gefühl von Zuneigung oder ihr Mangel, von Emotion oder Missemotion, die mit dem Leben verbunden sind".

Mit Realität meinen wir „die festen Gegenstände, die *realen* Dinge des Lebens".

Mit Kommunikation meinen wir „einen Austausch von Ideen zwischen zwei Terminalen (Leuten)".

Ohne Affinität gibt es keine Realität oder Kommunikation. Ohne Realität gibt es keine Affinität oder Kommunikation. Ohne Kommunikation besteht weder Affinität noch Realität. Nun, das sind weitgehende Behauptungen, aber sie sind nichtsdestoweniger sehr wertvoll, und sie sind wahr.

Haben Sie schon einmal versucht, mit einem wütenden Menschen zu sprechen? Die Kommunikation eines wütenden Menschen spielt sich auf der Ebene der Missemotion ab, die alle Terminale von ihm abstößt. Daher ist sein Kommunikationsfaktor sehr niedrig, wenn auch sehr laut. Er versucht, etwas oder ein anderes Terminal zu zerstören. Deshalb ist seine Realität sehr schlecht. Sehr wahrscheinlich ist das, worüber er anscheinend „wütend ist", gar nicht das, was ihn wütend gemacht hat. Ein zorniger Mensch sagt nicht die Wahrheit. So könnte man sagen, dass seine Realität, sogar zu dem Thema, das er sich auszudrücken bemüht, schlecht ist.

Zwischen zwei Personen muss gute Affinität (das heißt Zuneigung) bestehen, bevor sie füreinander sehr real sind (die Realität muss hier als ein Gradient gesehen werden, wobei es Dinge gibt, die *realer* sind als andere). Zwischen zwei Personen muss gute Affinität vorhanden sein, bevor sie aufrichtig oder vertrauensvoll miteinander sprechen können. Bevor zwei Menschen füreinander real sein können, muss etwas Kommunikation zwischen ihnen stattfinden. Sie müssen sich zumindest sehen, was allein schon eine Form der Kommunikation darstellt. Bevor zwei Menschen irgendwelche Affinität füreinander fühlen können, müssen sie zu einem gewissen Grade real sein.

Diese drei Begriffe sind voneinander abhängig. Und wenn einer abfällt, fallen auch die anderen beiden ab. Wenn einer steigt, steigen auch die beiden anderen. Es ist nur nötig, eine Ecke dieses in der Scientology sehr wertvollen Dreiecks zu verbessern, um die beiden übrigen Ecken zu verbessern. Es ist nur nötig, zwei Ecken des Dreiecks zu verbessern, um die dritte zu verbessern.

Um Ihnen eine Vorstellung von dessen praktischer Anwendung zu vermitteln, wählen wir den Fall eines jungen Mädchens, das von zu Hause weggelaufen war und dessen Eltern nicht mehr mit ihm sprechen wollten. Die junge Frau, eine kaufmännische Angestellte in einem Büro, war ziemlich bedrückt und arbeitete sehr schlecht - zu diesem Zeitpunkt wurde die Sache für den Bürovorsteher äußerst interessant. Nun, in der Alltagswelt hätte der Bürovorsteher sie jetzt normalerweise entlassen und eine andere Angestellte gefunden. Aber die Arbeitsmarktlage war zu dieser Zeit kritisch, und dieser Bürovorsteher kannte das moderne Mittel: Er rief einen Scientologen.

Der Scientologe, der durch den Bürovorsteher auf sie aufmerksam gemacht worden war, führte ein Gespräch mit ihr und entdeckte, dass ihre Eltern sehr böse auf sie waren und gar nicht mehr mit ihr kommunizieren wollten. Sie waren so verstimmt über ihre Weigerung (eigentlich ihre Unfähigkeit), eine Laufbahn als Konzertpianistin zu verfolgen, was der Beruf war, für den sie sie unter großen Kosten hatten ausbilden lassen, dass sie mit ihr „nichts mehr zu tun haben wollten". Und die Unstimmigkeiten hatten die junge Frau dazu getrieben, weit wegzulaufen. Seit jener Zeit waren die Eltern nicht mehr *mit* ihr in Verbindung getreten, sondern hatten sich gegenüber ihren Bekannten in der Nachbarschaft sehr bitter *über* sie geäußert. In einer solchen Gemütsverfassung - da sie sich mit ihren Eltern eng verbunden fühlte und möglichst gut mit ihnen stehen wollte - konnte sie nicht arbeiten. Ihr Versagen bei der Arbeit blockierte Kommunikationslinien in ihrem eigenen Büro. Mit anderen Worten, ihre Affinität war sehr niedrig. Und ihre Realität über Dinge war sehr niedrig, da sie, so könnte man sagen, die meiste Zeit „woanders" war. Und so waren die Kommunikationslinien, die durch ihre Hände liefen, gleichermaßen niedrig und blockierten erfolgreich andere Kommunikationslinien im Büro.

Da der Scientologe dieses A-R-K-Dreieck gut kannte, führte er etwas - für einen Scientologen - ganz Normales durch, das für die junge Frau wie ein „Wunder“ wirkte. Er sagte ihr, sie müsse ihren Eltern schreiben und sie *müsse* unabhängig davon schreiben, ob die Eltern antworten würden oder nicht. Und das tat sie.

Natürlich gab es keine Antwort. Warum gab es keine Antwort von den Eltern? Nun, da das Mädchen ihnen ungehorsam gewesen war und sich ihrer Kontrolle entzogen hatte, war es anscheinend nicht mehr mit ihnen in Kontakt. Diese Eltern betrachteten es nicht als *real.* Es *existierte* eigentlich nicht, soweit es sie betraf. Sie hatten sich das tatsächlich eingeredet. Sie hatten wirklich versucht, es aus ihrem Leben auszulöschen, da es „eine solche Enttäuschung war“. Deshalb empfanden sie keinerlei Gefühl ihm gegenüber, außer vielleicht eine Art *Apathie.* Sie waren unfähig gewesen, es zu kontrollieren. Deshalb waren sie in Bezug auf es apathisch, *weil* sie versagt hatten, es zu kontrollieren. Zu diesem Zeitpunkt waren die Eltern auf missmutige Weise apathisch in Bezug auf das Mädchen und es war ihnen überhaupt nicht real. Übrigens kann das Mädchen für sie von Anfang an nicht sehr real gewesen sein, sonst hätten sie es nicht mit einer Laufbahn beginnen lassen, die es nicht abschließen konnte, da die Laufbahn zweifellos die Fähigkeiten des Mädchens überstieg.

Also ließ der Scientologe die junge Frau einen weiteren Brief schreiben. Dieser Brief bestand, wie wir in der Scientology sagen, ganz aus „gute Straßen und schönes Wetter“. Sie schrieb, sie „arbeite in dieser anderen Stadt“, „das Wetter sei gut“, sie „komme gut zurecht und hoffe, ihnen gehe es beiden gut“ - und sie schickte ihnen viele Grüße. Im Brief mied sie sorgsam jede Erwähnung der Probleme oder Tätigkeiten aus der Zeit direkt nach ihrem Weggehen. Das A des Briefes, die Affinität, war ziemlich hoch. Das K war vorhanden. Was der Scientologe herzustellen versuchte, war das R, Realität - die Realität der Situation, dass sich das Mädchen in einer anderen Stadt befand, und die tatsächliche Realität seiner Existenz auf der Welt. Er wusste, es fühlte sich ausreichend mit ihren Eltern verbunden, dass es nicht einmal für *sich selbst* real war, wenn *sie* es nicht als real betrachteten.

Natürlich ließ der Scientologe, als die Eltern diesen Brief nicht beantworteten, das Mädchen nochmals schreiben. Und nach vier Briefen - in denen es immer mehr oder weniger das Gleiche geschrieben und völlig die Tatsache ignoriert hatte, dass keine Antwort gekommen war - kam plötzlich ein Brief von der Mutter an das Mädchen, der in einem *wütenden* Ton gehalten war (aber nicht wegen des Mädchens, sondern wegen einer ihrer früheren Spielgefährtinnen). Dem Mädchen wurde von dem Scientologen gesagt, was es schreiben sollte, und es wurde weiter „fest geführt". Er erlaubte ihm nicht, seinerseits über diese Kommunikationslinie hinweg ärgerlich zu werden, sondern überredete es, einen „überraschten", freundlichen Brief zu schreiben, in dem es seiner Freude Ausdruck verlieh, von seiner Mutter gehört zu haben.

Danach kamen zwei Briefe - einer vom Vater und einer von der Mutter. Beide waren sehr liebevoll gehalten, und sie hofften, dass es dem Mädchen gut gehe. Das Mädchen beantwortete diese natürlich sehr freudig, hätte sich jedoch völlig um Gunst bemüht, wenn der Scientologe ihm das gestattet hätte. Stattdessen ging an jeden von ihnen ein glücklicher Brief zurück.

Und als Antwort kamen zwei weitere Briefe, in beiden wurden dem Mädchen die herzlichsten Glückwünsche dafür ausgesprochen, dass es Arbeit und etwas gefunden hatte, das es im Leben interessierte, sie fragten, wohin sie seine Kleidung schicken sollten, und sogar ein kleiner Wechsel traf ein, um ihm in der Stadt weiterzuhelfen. Die Eltern hatten bereits begonnen, die neue Laufbahn des Mädchens zu planen, die genau den Fähigkeiten des Mädchens entsprach - die einer Stenotypistin.

Natürlich wusste der Scientologe genau, was passieren würde. Er wusste, dass die Affinität und die Realität *der Eltern* steigen würden. Und dass die Realität, Affinität und Kommunikation *des Mädchens* im Büro selbst steigen würden, sobald diese Situation in Ordnung gebracht worden war. Als Hilfsmittel benutzte er Kommunikation, indem er das Mädchen veranlasste, seiner Affinität Ausdruck zu verleihen. Und dies rief natürlich, wie stets, eine Reaktion hervor. Die Arbeit der jungen Frau erreichte ein normales Niveau, sie begann, Fortschritte zu machen, und wurde nun, da ihr Gefühl der Realität hoch genug war, tatsächlich eine sehr wertvolle Büroangestellte.

Der Grund, warum das A-R-K-Dreieck so lange unentdeckt blieb, liegt wahrscheinlich in der Tatsache, dass ein Mensch in Apathie durch verschiedene „Tonstufen" nach oben steigt. Diese Tonstufen sind ziemlich gleichförmig, eine folgt der anderen, und die Menschen kommen *immer* durch diese Tonstufen nach oben, eine nach der anderen. Das sind die Tonstufen der Affinität. Die Tonskala der Dianetik und Scientology ist wahrscheinlich das bestmögliche Mittel vorherzusagen, was als Nächstes geschehen wird oder was ein Mensch wirklich tun wird.

Die Tonskala beginnt ein gutes Stück unterhalb von Apathie. Mit anderen Worten, ein Mensch empfindet gegenüber einer Sache keinerlei Emotion. Ein Beispiel hierfür war die amerikanische Haltung zur Atombombe. Etwas, worüber die Amerikaner sich sehr hätten sorgen sollen, lag so weit außerhalb ihres Kontrollvermögens und schien so sehr das Ende ihrer Existenz zu bedeuten, dass sie in Bezug darauf *unterhalb von Apathie* absanken. Sie empfanden es nicht einmal als größeres Problem. Man musste mit Amerikanern, die in Bezug darauf „auditiert" wurden, eine ganze Weile arbeiten, bis sie begannen, gegenüber der Atombombe *Apathie* zu empfinden. Das war wirklich ein Fortschritt gegenüber dem Gefühl von keinerlei Emotion einer Sache gegenüber, die sie hätte stark berühren sollen. Mit anderen Worten, die Menschen befinden sich tatsächlich bezüglich vieler Fragen und Probleme weit unterhalb von Apathie.

Dort beginnt die Tonskala - völliges totes Nichts, weit unterhalb von Tod selbst. Beim Steigen in verbesserte Tonstufen gelangt man auf folgende Stufen:

KÖRPERLICHER TOD

APATHIE

GRAM

FURCHT

WUT

ANTAGONISMUS

LANGEWEILE

BEGEISTERUNG

HEITERE GELASSENHEIT, in dieser Reihenfolge.

Die Tonskala

Es gibt viele kleine Zwischenstufen zwischen diesen Tonstufen, aber wenn man über menschliche Wesen überhaupt etwas weiß, sollte man diese bestimmten Emotionen auf jeden Fall kennen.

Ein Mensch, der in *Apathie* ist, empfindet, wenn seine Tonstufe verbessert wird, *Gram.*

Ein Mensch in *Gram* empfindet, wenn seine Tonstufe sich verbessert, *Furcht.*

Ein Mensch mit *Furcht* empfindet, wenn seine Tonstufe sich verbessert, *Wut.*

Ein Mensch in *Wut* empfindet, wenn seine Tonstufe sich verbessert, *Antagonismus.*

Ein *antagonistischer* Mensch empfindet, wenn seine Tonstufe sich verbessert, *Langeweile.*

Wenn ein *gelangweilter* Mensch seine Tonstufe verbessert, ist er *begeistert.*

Wenn ein *begeisterter* Mensch seine Tonstufe verbessert, empfindet er *heitere Gelassenheit.*

Tatsächlich ist die *Sub-Apathie*-Stufe so niedrig, dass sie eine Gemütsverfassung von Keine-Affinität, Keine-Emotion, Kein-Problem, Keine-Konsequenz in Bezug auf etwas darstellt, das eigentlich ungeheuer wichtig ist. Der Bereich der Sub-Apathie ist ein Bereich ohne Schmerzen, Interesse, Beingness oder sonst irgendetwas, das für jemanden von Bedeutung ist. Aber er ist ein sehr gefährlicher Bereich, da man sich unterhalb der Stufe befindet, auf der man fähig wäre, auf irgendetwas zu reagieren, und dementsprechend alles verlieren könnte, anscheinend ohne es *zu merken.*

Eine Arbeitskraft, die sich in sehr schlechter Verfassung befindet - und eigentlich eine Belastung für die Organisation darstellt -, ist vielleicht nicht fähig, Schmerzen oder irgendeine andere Emotion über irgendetwas zu empfinden. Sie befindet sich unterhalb von Apathie. Wir haben Arbeitskräfte gesehen, die sich die Hand verletzten und, „ohne sich etwas zu denken", einfach weiterarbeiteten, obwohl ihre Hand sehr schwer verletzt war. Sanitäter, die in Industriegebieten arbeiten, sind manchmal ganz erstaunt, wenn sie entdecken, wie wenig manche Arbeitskräfte auf ihre eigenen Verletzungen achten.

Es ist eine hässliche Tatsache, dass Menschen, die nicht auf ihre eigenen Verletzungen achten und nicht einmal Schmerzen aufgrund dieser Verletzungen empfinden, keine leistungsfähigen Menschen sind und es ohne etwas Aufmerksamkeit von einem Scientologen auch nie sein werden. Es bedeutet eine Belastung, sie um sich zu haben. Sie reagieren nicht richtig. Wenn ein solcher Mensch einen Kran führt, der Kran plötzlich außer Kontrolle gerät und im Begriff ist, seine Ladung auf eine Gruppe von Männern fallen zu lassen, wird dieser Kranführer in Sub-Apathie den Kran einfach seine Last fallen lassen. Mit anderen Worten, er ist ein potenzieller Mörder. Er kann nichts stoppen, er kann nichts verändern und er kann nichts starten. Und dennoch gelingt es ihm aufgrund einer automatischen Reaktionsbasis, sich eine Weile in seiner Stellung zu halten. Aber sobald er mit einer wirklichen Notlage konfrontiert wird, ist es nicht wahrscheinlich, dass er richtig reagiert, und Unfälle sind die Folge.

Wenn in der Industrie Unfälle auftreten, stammen sie von diesen Leuten im Tonstufenbereich der Sub-Apathie. Wenn in Büros schlimme Fehler gemacht werden, die für Betriebe einen hohen finanziellen Verlust, Zeitverlust und andere Personalschwierigkeiten darstellen, stellt man fest, dass solche Fehler fast immer von diesen Leuten in Sub-Apathie herrühren. Glauben Sie also nicht, dass einer dieser Zustände, unfähig zu sein, irgendetwas zu fühlen, empfindungslos zu sein, zu Schmerz oder Freude unfähig zu sein, irgendjemandem nützt. Das ist nicht der Fall. Ein Mensch, der sich in diesem Zustand befindet, kann Dinge nicht kontrollieren, ist in Wirklichkeit nicht genügend „da", um sich von irgendjemand anderem kontrollieren zu lassen; er tut merkwürdige und unvorhersehbare Dinge.

Genau wie sich ein Mensch chronisch in Sub-Apathie befinden kann, kann sich ein Mensch in Apathie befinden. Das ist gefährlich genug, wird aber mindestens ausgedrückt. Erst wenn wir die Apathie selbst erreichen, beginnt sich das A-R-K-Dreieck zu manifestieren und sichtbar zu werden. Kommunikation muss vom Menschen selbst - nicht von irgendeinem „Schaltkreis" oder „Schablonenablauf" - erwartet werden.

Menschen können sich chronisch in Gram, chronisch in Furcht, chronisch in Wut, Antagonismus oder Langeweile befinden oder können tatsächlich „in Begeisterung feststecken". Ein Mensch, der wirklich fähig ist, ist normalerweise ziemlich gelassen. Er kann jedoch andere

Emotionen ausdrücken, und es ist ein Fehler zu glauben, dass eine völlige heitere Gelassenheit irgendeinen wirklichen Wert habe. Wenn man über eine Sache, die nach Tränen verlangt, nicht weinen kann, befindet man sich nicht in heiterer Gelassenheit als chronischer Tonstufe. Heitere Gelassenheit kann recht leicht mit dieser Sub-Apathie verwechselt werden, aber natürlich nur von einem unausgebildeten Beobachter. Ein kurzer Blick auf den körperlichen Zustand des Betreffenden reicht aus, um die Unterschiede zu sehen: Menschen, die sich in Sub-Apathie befinden, sind in der Regel ziemlich krank.

Wir haben für das Gebiet der *Kommunikation* einen ebenso großen Bereich der Tonskala wie für das Gebiet der Affinität. Auf jeder Emotionsstufe haben wir einen Kommunikationsfaktor. In Sub-Apathie kommuniziert ein Mensch eigentlich überhaupt nicht. Irgendeine, durch die gesellschaftliche Rolle bedingte Reaktion, ein Schablonenablauf oder, wie wir es nennen, ein „Schaltkreis", übernimmt die Kommunikation. Der Mensch selbst scheint nicht da zu sein und spricht nicht wirklich selbst. Deshalb sind seine Mitteilungen gelegentlich zumindest eigenartig. Er tut zur falschen Zeit das Falsche. Er sagt das Falsche zur falschen Zeit. Natürlich macht ein Mensch, wenn er in irgendeinem Bereich der Tonskala „feststeckt" - in Sub-Apathie, Apathie, Gram, Furcht, Wut, Antagonismus, Langeweile, Begeisterung oder in heiterer Gelassenheit - seine Mitteilungen auf der jeweiligen emotionalen Tonstufe. Ein Mensch, der ständig auf irgendetwas wütend ist, ist bei Wut stecken geblieben. So jemandem geht es nicht so schlecht wie jemandem in Sub-Apathie. Aber es ist trotzdem ziemlich gefährlich, ihn um sich zu haben, da er Schwierigkeiten machen wird. Und ein Mensch, der wütend ist, kontrolliert Dinge nicht gut. Die Kommunikationsmerkmale von Leuten auf diesen verschiedenen Stufen der Tonskala sind ziemlich faszinierend. Auf jeder Stufe der Tonskala sprechen sie und gehen sie mit Kommunikation auf eine ganz bestimmte, charakteristische Weise um.

Wie bei Affinität und Kommunikation gibt es eine *Realitäts*stufe für jede Affinitätsstufe. Realität ist ein äußerst interessantes Thema, da sie im Wesentlichen mit relativen *Festigkeiten* zu tun hat. Mit anderen Worten, zwischen der Festigkeit von Dingen und der emotionalen Tonstufe von Leuten besteht eine bestimmte Beziehung. Leute, die sich auf einer niedrigen Stufe der Tonskala befinden, können Festigkeiten nicht ertragen. Sie können einen festen Gegenstand nicht ertragen.

Die Sache ist für sie nicht real. Sie ist dünn oder hat kein Gewicht. Während sie sich auf der Skala nach oben bewegen, wird der gleiche Gegenstand immer fester, und sie können ihn endlich auf seiner tatsächlichen Festigkeitsstufe sehen. Mit anderen Worten, diese Menschen zeigen an verschiedenen Punkten der Skala eine eindeutige Reaktion auf Masse. Dinge erscheinen ihnen als leuchtend oder als sehr, sehr stumpf. Wenn Sie durch die Augen eines Menschen in Sub-Apathie sehen könnten, würden Sie in der Tat eine sehr wässrige, dünne, verträumte, neblige, unwirkliche Welt sehen. Wenn Sie durch die Augen eines wütenden Menschen sehen würden, würden Sie eine Welt erblicken, die „bedrohlich" fest wäre, in der alle Festkörper einem „rücksichtslos" entgegenträten. Aber sie wären immer noch nicht ausreichend fest, ausreichend real oder sichtbar für jemanden in gutem Zustand. Ein Mensch in heiterer Gelassenheit kann Festkörper genau so sehen, wie sie sind, so leuchtend, wie sie sind, und kann ein enormes Gewicht oder eine ungeheure Dichte ertragen, ohne darauf zu reagieren. Mit anderen Worten, werden Dinge immer fester und immer realer, je weiter wir auf der Tonskala vom tiefsten bis zum höchsten Punkt aufsteigen.

Affinität ist am engsten mit *Raum* verbunden. Tatsächlich könnte man Affinität als die „Betrachtung von Entfernung" definieren, da Terminale, die weit auseinander- oder nahe zusammenliegen, in Bezug aufeinander verschiedene Affinitätsreaktionen aufweisen.

Realität hängt, wie wir gesehen haben, am engsten mit *Festkörpern* zusammen.

Die Kommunikation besteht aus dem *Fluss* von Ideen oder Partikeln durch *Raum* zwischen *Festkörpern.*

Obwohl diese Definitionen sehr grundlegend erscheinen mögen und einen Professor des MIT in keiner Weise befriedigen würden, umfassen sie das gesamte Tätigkeitsgebiet eines Professors des MIT und reichen darüber hinaus. Wahrheiten müssen nicht kompliziert sein.

Es gibt – wie in der Scientology mit beträchtlicher Ausführlichkeit beschrieben und mit beträchtlicher Tiefe studiert wurde – zwischen Räumen, Festkörpern und Ideen oder Partikeln viele Wechselbeziehungen; denn diese hängen mit der Livingness am engsten zusammen und umfassen das Universum um uns herum.

Aber das Grundlegendste, was wir über A-R-K wissen sollten, ist einfach die emotionale Tonstufe, also Affinität; die Wirklichkeit von Dingen, also die Realität; und die relative Kommunikationsfähigkeit in Bezug auf diese.

Menschen, die etwas leisten können, haben eine sehr hohe Affinität, haben eine sehr hohe Realität und sind sehr fähig, was Kommunikation betrifft. (Wenn Sie die verschiedenen Fähigkeiten bei Menschen messen möchten, sollten Sie dieses Fachgebiet eingehender studieren. Über dieses Dreieck ist ein ganzes Buch erschienen mit dem Titel *Die Wissenschaft des Überlebens.*)

Wie *würden* Sie also mit einem Menschen sprechen?

Sie können mit einem Menschen nicht auf angemessene Weise sprechen, wenn Sie sich in einem sub-apathischen Zustand befinden. Sie würden tatsächlich überhaupt nicht mit ihm sprechen. Sie müssten eine etwas höher liegende Affinität haben, um mit irgendjemandem etwas zu besprechen. Ihre Fähigkeit, mit irgendeinem bestimmten Menschen zu sprechen, hat mit Ihrer emotionalen Reaktion auf diesen Menschen zu tun. Jeder reagiert emotional verschieden auf verschiedene Mitmenschen. In Anbetracht der Tatsache, dass an Kommunikation immer zwei Terminale (das heißt zwei *Menschen*) beteiligt sind, könnte man sehen, dass der andere einigermaßen real sein muss. Wenn einem andere Leute vollständig gleichgültig sind, wird man sehr viele Schwierigkeiten haben, mit ihnen zu sprechen - das ist sicher. Man sollte also mit einem anderen Menschen sprechen, indem man etwas findet, das man an ihm gern hat, und indem man etwas mit ihm bespricht, womit er übereinstimmen kann. Der Grund, weshalb die meisten neuen Ideen untergehen - man diskutiert Themen, mit denen die andere Person irgendwie nicht übereinstimmen kann.

Nun kommen wir zum letzten Faktor im Hinblick auf Realität: Das, womit wir übereinstimmen, ist eher real als das, womit wir nicht übereinstimmen. Es gibt ein ganz bestimmtes Zusammenwirken von Übereinstimmung und Realität. Jene Dinge sind real, bei denen wir übereinstimmen, dass sie real sind. Jene Dinge sind nicht real, bei denen wir übereinstimmen, dass sie nicht real sind. In Bezug auf Dinge, bei denen wir nicht übereinstimmen, haben wir sehr wenig Realität.

Ein Experiment in dieser Richtung wäre selbst eine im Spaß geführte Unterhaltung zwischen zwei Männern über einen dritten, der anwesend ist. Zwei Männer stimmen über etwas überein, mit dem der dritte nicht übereinstimmen kann. Der dritte Mann wird in der emotionalen Tonstufe sinken und wird tatsächlich für die beiden, die über ihn sprechen, weniger real.

Wie *soll* man also mit einem Menschen sprechen?

Sie bauen Realität auf, indem Sie etwas finden, womit Sie beide übereinstimmen. Dann versuchen Sie, eine so hohe Affinitätsstufe wie möglich aufrechtzuerhalten, indem Sie wissen, dass es etwas an ihm gibt, das Sie mögen können. Und dann können Sie mit ihm sprechen. Wenn die ersten beiden Bedingungen nicht vorliegen, ist es ziemlich sicher, dass die dritte Bedingung nicht erfüllt sein wird (das heißt, Sie werden nicht leicht mit ihm sprechen können).

Sie sollten sich bei der Benutzung des A-R-K-Dreiecks klar machen, dass man, noch einmal, die emotionalen Tonstufen durchläuft, wenn man beginnt, Kommunikation zu entwickeln. Mit anderen Worten, jemand, der uns gegenüber völlig apathisch war, kann auf einer höheren Stufe der Skala wütend auf uns werden. Wenn man einfach durch diese Wut hindurch weitermacht, erreicht er einfach Antagonismus, dann Langeweile und schließlich Begeisterung und eine perfekte Kommunikationsstufe und Verstehen.

Ehen zerbrechen einfach aufgrund eines Versagens der Kommunikation, aufgrund des Versagens von Realität und Affinität. Wenn Kommunikation zu versagen beginnt, fängt die Affinität an zu fallen, die Menschen haben Geheimnisse voreinander, und ihre Affinität fällt gänzlich ab.

Gleichermaßen ist es in einem Büro oder Betrieb sehr leicht möglich, jene Leute zu ermitteln, die Dinge tun, die nicht im wohlverstandenen Interesse der Firma liegen, da diese Leute allmählich – und manchmal nicht so allmählich – die Kommunikation mit der Firma aufgeben. Ihre emotionale Tonstufe gegenüber ihren Vorgesetzten und Kollegen beginnt zu sinken und fällt schließlich gänzlich ab.

Wie man sehen kann, hängt das A-R-K-Dreieck mit einer Fähigkeit zu kontrollieren und einer Fähigkeit, Dinge unkontrolliert zu belassen, eng zusammen. Wenn ein Mensch versucht, etwas zu kontrollieren, und dabei versagt, dann empfindet er eine Antipathie gegenüber dieser Sache. Mit anderen Worten hatte er nicht Recht. Er hatte Unrecht. Seine Absicht ist gescheitert. Man könnte sagen, seine Absicht hat auf ihn zurückgeschlagen. Wenn man daher versucht, Dinge zu kontrollieren, und dann dabei versagt, sie zu kontrollieren, wird man wahrscheinlich, was diese Dinge betrifft, die Tonskala hinunterfallen. Also wird ein Mensch, der von den Werkzeugen seines eigenen Berufs betrogen wurde, dazu neigen, sie auf einer abnehmenden Affinitätsstufe zu behandeln. Er langweilt sich mit ihnen, er wird ihnen gegenüber antagonistisch, er wird wütend auf sie, und in diesem Stadium beginnen die Maschinen, in die Brüche zu gehen. Und schließlich bekommt er Angst vor ihnen, wird traurig über sie, wird ihnen gegenüber apathisch, kümmert sich überhaupt nicht mehr um sie, und in diesem Stadium kann er sie ganz sicher überhaupt nicht mehr verwenden. Tatsächlich wird von der Stufe der Langeweile abwärts die Fähigkeit, die eigenen Berufswerkzeuge zu verwenden, ständig verringert.

Wie könnte man nun, wenn man dies weiß, seine Fähigkeit steigern, die Berufswerkzeuge zu kontrollieren, sogar ohne zu einem Scientologen zu gehen? Wenn ein Scientologe diese Situation in die Hand nähme, könnte natürlich die vollständige Kontrolle der Werkzeuge, eines Bereiches oder des Lebens wiedererlangt werden. Aber wie könnte man ohne diesen einfach mit genau den Gegenständen zurechtkommen, mit denen man es jetzt und unmittelbar zu tun hat?

Mit Hilfe von A-R-K kann man in gewissem Maße sowohl die Kontrolle seiner Werkzeuge als auch seine Begeisterung für die Arbeit wiedererlangen. Man würde das tun, indem man kommuniziert und seine Bereitwilligkeit entdeckt zu akzeptieren, dass die Werkzeuge und seine Mitmenschen real oder fest sind.

Ein Mensch könnte seine Fähigkeit im Umgang mit seinen unmittelbaren Werkzeugen einfach dadurch wiedererlangen, dass er *sie berührt* und wieder *loslässt.* Das mag ziemlich sinnlos scheinen, er wird wahrscheinlich die Stufe der Langeweile erreichen und von dem Prozess gelangweilt werden. Gleich oberhalb dieser Stufe gibt es die Entschädigung, begeistert zu werden.

Es klingt sehr merkwürdig, dass man, wenn man sein Auto einfach berührt und loslässt, es berührt und loslässt, es berührt und loslässt, es berührt und loslässt, möglicherweise einige Stunden lang, nicht nur seine Begeisterung für das Auto wiedergewinnen würde, sondern auch eine enorme Fähigkeit, das Auto zu kontrollieren, die man bei sich überhaupt nie vermutet hätte.

Es klingt merkwürdig, dass ein Buchhalter, wenn wir ihn dazu bringen würden, ein paar Stunden lang seinen Bleistift oder Kugelschreiber aufzuheben und wieder hinzulegen, seine Fähigkeit, diesen zu benutzen, wiedergewinnen und seine Fähigkeit, mit Zahlen umzugehen, verbessern würde. Und wenn wir ihn dazu bringen würden, sein Hauptbuch eine beträchtliche Zeit lang zu berühren und wieder loszulassen, wäre er fähiger, mit diesem Buch umzugehen, und würde weitaus weniger Fehler darin machen.

Ebenso kann man mit Menschen, da diese oft etwas dagegen haben, berührt zu werden, kommunizieren. Wenn man wirklich mit diesen Leuten kommuniziert, und zwar gut kommuniziert - dem zuhört, was sie zu sagen haben, und das, was sie sagen, bestätigt, wenn man ihnen das, was man ihnen zu sagen hat, oft genug und sanft genug mitteilt, sodass sie es wirklich aufnehmen -, wird man in einem sehr hohen Maße ihre Fähigkeit wiederherstellen, die Handlungen jener Leute zuzuordnen und zu koordinieren, von denen sie unmittelbar umgeben sind.

Hier haben wir A-R-K unmittelbar auf Arbeit abgestimmt.

Das klingt wie Zauberei. Es ist Zauberei. Es ist Scientology.

*„Wenn man wirklich mit diesen Leuten kommuniziert,
und zwar gut kommuniziert ... wird man in einem sehr
hohen Maße ihre Fähigkeit wiederherstellen,
die Handlungen jener Leute zuzuordnen
und zu koordinieren, von denen sie
unmittelbar umgeben sind."*

KAPITEL SIEBEN

ERSCHÖPFUNG

KAPITEL SIEBEN

ERSCHÖPFUNG

ARBEITEN ODER NICHT ARBEITEN? Das ist hier die Frage. Nach Meinung der meisten Menschen lautet die Antwort auf diese Frage ERSCHÖPFUNG.

Jemand beginnt, das Gefühl zu haben, nachdem er lange in einer Stellung gearbeitet hat und dabei beträchtlich misshandelt worden ist, dass weiterzuarbeiten über sein Durchhaltevermögen hinausgehen würde. Er ist müde. Der Gedanke daran, bestimmte Dinge zu tun, macht ihn müde. Er überlegt, wie er seine Energie steigern oder es schaffen könnte, sich noch ein wenig weiterzuzwingen. Und wenn er das tut, denkt er in falschen Bahnen, denn die Lösung des Erschöpfungsproblems hat wenig, wenn überhaupt irgendetwas, mit Energie zu tun.

Erschöpfung ist ein sehr wichtiges Thema, nicht nur für den Einzelnen, der sich seinen Lebensunterhalt verdient, sondern auch für den Staat.

Scientology hat ziemlich vollständig die Tatsache bewiesen, dass der Abstieg des Einzelnen dann beginnt, wenn er nicht mehr arbeiten kann. Um einen Menschen zu erniedrigen oder zu verstimmen, muss man ihn lediglich daran hindern zu arbeiten. Selbst die Polizei hat inzwischen dieses grundlegende Prinzip der Scientology erkannt, dass einem Verbrecher zuallererst die *Fähigkeit zu arbeiten fehlt.* Die Polizei hat damit begonnen, bei Personen nach diesem Faktor zu suchen, während sie deren Straffälligkeit ermittelte.

Die Grundschwierigkeit bei aller Jugendkriminalität ist der einst offensichtlich humane Grundsatz des Verbots jeder Art von Kinderarbeit. Es ist zweifellos richtig, dass früher einmal die Arbeitskraft von Kindern missbraucht wurde, dass sie zu schwer arbeiten mussten, dass sie in ihrem Wachstum beeinträchtigt wurden und dass sie allgemein ausgenutzt wurden. Es ist stark zu bezweifeln, ob der berüchtigte Herr Marx je gesehen hat, wie in Amerika zu Tode gearbeitete Jungen von Maschinen heruntergezerrt und auf Abfallhaufen geworfen wurden. Wo es Missstände dieser Art gab, erhob sich die öffentliche Meinung dagegen. Und Gesetze wurden erlassen, um Kinderarbeit zu verhindern.

Diese Gesetzgebung, von den bestmöglichen Absichten getragen, ist jedoch direkt für Jugendkriminalität verantwortlich. Indem man Kinderarbeit verbietet und insbesondere, indem man Jugendliche daran hindert, selbst ihren Weg in der Welt zu gehen und ihr eigenes Geld zu verdienen, schafft man Schwierigkeiten in der Familie, sodass es fast unmöglich wird, eine Familie zu unterhalten. Und zudem erschafft man damit insbesondere beim Jugendlichen die Ansicht, dass „ihn die Welt nicht will" und dass er sein Spiel schon verloren hat, bevor er es begonnen hat. Wenn dann so etwas wie die Allgemeine Wehrpflicht droht und er es nicht wagt, eine Laufbahn zu beginnen, fällt er natürlich, was die Frage der Arbeit betrifft, in eine tiefe Sub-Apathie. Und wenn er endlich der Notwendigkeit gegenübersteht, in der Welt seinen eigenen Weg zu gehen, steigt er in einen Zustand der Apathie auf und unternimmt gar nichts dagegen.

Diese Tatsache wird dadurch stark gestützt, dass unsere größten Bürger in der Regel arbeiteten, als sie ziemlich jung waren. In der angloamerikanischen Zivilisation wurde der höchste Grad an Aktivität von Jungen erreicht, die von zwölf Jahren an auf Bauernhöfen eigene Pflichten zu erfüllen hatten, und einen festen Platz in der Gesellschaft einnahmen.

Kinder sind in der Regel recht arbeitswillig. Ein zwei-, drei-, vierjähriges Kind kann man normalerweise dabei beobachten, wie es seinem Vater oder seiner Mutter nachläuft und versucht, mit Werkzeugen oder Staublappen zu helfen. Und der verständnisvolle Elternteil, der Kinder wirklich mag, reagiert auf die vernünftige und früher als normal betrachtete Art, nämlich geduldig genug zu sein, um das Kind wirklich helfen zu lassen. Ein Kind, dem das erlaubt wird, entwickelt dann die Vorstellung, dass seine Gegenwart und Tätigkeit erwünscht sind, und beginnt ganz ruhig eine Bahn der Vervollkommnung. Das Kind, das verzogen oder in eine bestimmte Laufbahn gezwungen wird, dem aber nicht gestattet wird, in diesem frühen Lebensalter zu helfen, ist davon überzeugt, dass man es nicht will und dass die Welt keinen Anteil an ihm hat. Und später wird es in ganz bestimmte Schwierigkeiten geraten, was die Arbeit anbetrifft.

Jedoch wird das Kind - in dieser modernen Gesellschaft -, das mit drei oder vier Jahren arbeiten möchte, entmutigt und tatsächlich vom Arbeiten abgehalten. Und nachdem es bis zum siebten, achten oder neunten Lebensjahr untätig gehalten wurde, werden ihm plötzlich gewisse Pflichten aufgehalst. Nun, dieses Kind ist bereits zu der Tatsache erzogen worden, dass es „nicht arbeiten darf", daher ist die Vorstellung der Arbeit ein Bereich, von dem es „weiß, dass es nicht dort hingehört", und so fühlt es sich bei der Ausführung verschiedener Tätigkeiten stets unwohl. Später in der Teenagerzeit wird der Jugendliche aktiv daran gehindert, die Art Stellung anzunehmen, die es ihm ermöglichen wird, die Kleidung zu kaufen und die Ausgaben für seine Freunde zu bestreiten, von denen er das Gefühl hat, dass sie von ihm verlangt werden. Und so empfindet er sich allmählich als nicht zur Gesellschaft gehörig. Da er nicht zur Gesellschaft gehört, ist er dann gegen die Gesellschaft und erstrebt nichts als destruktive Tätigkeiten.

Die Frage der Erschöpfung umfasst auch die Frage der „verhinderten Arbeit". Im Falle von Soldaten und Matrosen, die sich während einem der letzten Kriege in Krankenhäusern aufhielten, hat man festgestellt, dass der Aufenthalt von einigen Monaten in einem Krankenhaus dazu neigte, die Moral des Soldaten oder Matrosen bis zu einem solchen Punkt zu verschlechtern, dass sein Wert fragwürdig war, wenn er zu seinem Dienst zurückkehrte. Das ist nicht unbedingt die Folge seiner verminderten Fähigkeiten. Es ist die Folge der Verwundung, verschlimmert durch Untätigkeit. Bei einem Soldaten, der verwundet wurde, in einem Feldlazarett nahe „der Front" betreut wird und, sobald er es verkraften kann, in den Dienst zurückgeschickt wird, wird man feststellen, dass er in starkem Maße seine Moral bewahrt.

Natürlich neigt die Verwundung, die er erhalten hat, dazu, ihn von der Aktionsstufe, die er einmal für die beste gehalten hatte, abzustoßen. Aber selbst dann ist er in einem besseren Zustand als ein Soldat, der in ein Krankenhaus „im Hinterland" geschickt wird. Dem Soldaten, den man in das Krankenhaus im Hinterland schickt, wird gesagt, dass er, gemäß seinem Gesichtspunkt, im Krieg nicht besonders gebraucht wird.

Ohne dass diese Grundsätze wirklich zusammengestellt wurden, wurde das Wort „Erschöpfung" allgemein in Verbindung mit „Neurose" gebraucht. Nun, das kam von der Tatsache, dass Leute mit einer Neurose einfach erschöpft aussahen. Einen anderen Zusammenhang gab es dabei nicht. Tatsächlich wird jemand, dem das Recht auf Arbeit versagt wird, besonders, wenn er verletzt wurde und ihm dann das Recht auf Arbeit versagt wird, schließlich in Erschöpfung geraten.

Technisch wurde in der Scientology entdeckt, dass es so etwas wie einen „allmählichen Energieabfall des Einzelnen durch fortgesetzte Beanspruchung" nicht gibt. Man wird nicht erschöpft, weil man einfach zu lange oder zu schwer gearbeitet hat. Man wird erschöpft, wenn man ausreichend lange gearbeitet hat, um irgendeine frühere Verletzung zu restimulieren. Eines der Merkmale dieser Verletzung wird „Erschöpfung" sein. Chronische Erschöpfung ist dann nicht das Produkt vieler Stunden und harten Einsatzes. Sie ist das Produkt der Ansammlung von Schocks und Verletzungen, wie sie im Leben vorkommen, jede von ihnen vielleicht nur ein paar Sekunden oder wenige Stunden lang, und sie ergeben in ihrer Gesamtheit vielleicht nur fünfzig oder fünfundsiebzig Stunden. Aber diese Ansammlung - diese Ansammlung von Verletzungen, Abstoßungen und Schocks - summiert sich schließlich zu einer völligen Handlungsunfähigkeit.

Erschöpfung kann also jemandem anerzogen werden, indem man sich weigert, ihm als Kind zu erlauben, an der Gesellschaft Anteil zu haben. Oder sie kann einem Menschen durch verschiedene Verletzungen oder Schocks, die er im Zusammenhang mit seiner Tätigkeit erhält, eingehämmert werden. Bereinigen Sie einen dieser beiden Punkte, und Sie haben Erschöpfung bereinigt. Erschöpfung ist also tatsächlich das Fachgebiet eines Praktizierenden der Scientology - da nur ein Scientologe sie angemessen bereinigen kann.

Es gibt jedoch einen Punkt, der unterhalb von Erschöpfung liegt. Das ist der Punkt, an dem man nicht mehr weiß, wenn man müde ist. Ein Mensch kann zu einer Art hektischer Marionette werden, die weiterarbeitet und arbeitet und arbeitet, ohne überhaupt zu merken, dass sie arbeitet, und plötzlich aus Müdigkeit zusammenbricht, die sie nicht empfunden hatte. Das ist wieder unsere Sub-Apathie-Tonskala.

Und wieder haben wir das Thema Kontrolle. Hier hat der Einzelne dabei versagt, etwas zu kontrollieren, hat es versucht und ist dann deshalb auf der Tonskala in den Sub-Apathie-Bereich gesunken. Schließlich ist er unfähig, mit irgendetwas umzugehen, was den Berufswerkzeugen oder einer Arbeitsumgebung auch nur ähnelt, und ist somit unfähig, in einer solchen Umgebung zu leben oder mit solchen Werkzeugen umzugehen. Der Einzelne kann dann viele harte Worte zu hören bekommen. Er kann „faul" genannt werden, er kann als „ein Taugenichts" bezeichnet werden, er kann „Verbrecher" genannt werden. Aber in Wahrheit kann er seinen eigenen Zustand - ohne fachmännische Hilfe - ebenso wenig in Ordnung bringen, wie er in das Zentrum der Erde tauchen könnte.

Es gibt einige Mittel, um Ihren Schwung und Ihre Arbeitsbegeisterung ohne die enge Zusammenarbeit mit einem Praktizierenden der Scientology wiederherzustellen. Diese sind relativ einfach und sehr leicht verständlich.

Wir haben in der Scientology etwas, das wir INTROVERSION nennen.

Und etwas anderes, das wir EXTROVERSION nennen.

Introversion ist etwas Einfaches. Es bedeutet, „seinen Blick zu sehr nach innen gerichtet zu haben".

Und Extroversion ist ebenfalls etwas Einfaches. Es bedeutet nichts anderes, als „fähig zu sein, nach außen zu blicken".

Man könnte sagen, dass es „introvertierte Persönlichkeiten" und „extrovertierte Persönlichkeiten" gibt. Eine extrovertierte Persönlichkeit ist jemand, der in der Lage ist, sich in seiner Umgebung umzusehen. Eine introvertierte Persönlichkeit kann lediglich in sich selbst hineinblicken.

„Man könnte sagen, dass
es ‚introvertierte Persönlichkeiten'
und ‚extrovertierte Persönlichkeiten' gibt."

Wenn wir die A-R-K-Tonskala untersuchen, sehen wir sofort, dass eine introvertierte Persönlichkeit vor Festkörpern zurückscheut. Mit anderen Worten, sie konfrontiert die Realität nicht. Realität bedeutet *Übereinstimmung* auf geistiger Ebene und *Festkörper* auf physischer Ebene.

Jemand, der fähig ist, die Welt um sich herum anzusehen, und zwar als ziemlich real und leuchtend, befindet sich natürlich in einem Zustand der Extroversion. Mit anderen Worten, er kann „hinausblicken". Er kann auch arbeiten. Er kann auch Situationen erkennen, jene Dinge bewältigen und kontrollieren, die er bewältigen und kontrollieren *muss*, er kann dabeistehen und jene Dinge beobachten, die er *nicht* kontrollieren muss, und er kann deshalb auch an ihnen interessiert sein.

Der Introvertierte ist jemand, der wahrscheinlich vor einiger Zeit unter Erschöpfung gelitten hat. Er hat seine Aufmerksamkeit stärker und stärker auf sich selbst gerichtet (hauptsächlich durch alte Verletzungen, die immer noch in der Lage sind, ihren Einfluss auf ihn auszuüben), bis er tatsächlich nach innen und nicht nach außen sieht. Er weicht vor festen Gegenständen zurück. Er sieht in anderen Leuten und Dingen in seiner Umgebung keine Realität.

Greifen wir jetzt das eigentliche Thema Arbeit auf.

Arbeit besteht darin, „Aufmerksamkeit und Handlungen auf Leute oder Gegenstände zu richten, die sich im Raum befinden".

Wenn jemand nicht mehr fähig ist, Leute oder Gegenstände oder den Raum, in dem diese sich befinden, zu konfrontieren, fühlt er sich „verloren". Er fängt an, sich im Dunst zu bewegen. Die Dinge erscheinen ihm nicht real und er ist relativ unfähig, die Gegenstände in seiner Umgebung zu kontrollieren. Er hat Unfälle, er hat Pech, Sachen wenden sich gegen ihn, nur weil er sie nicht richtig anfasst, kontrolliert oder beobachtet. Die Zukunft erscheint ihm sehr düster, manchmal so düster, dass er ihr nicht ins Auge sehen kann. Ein solcher Mensch kann als ernsthaft introvertiert bezeichnet werden.

Während der Arbeit ist seine Aufmerksamkeit durch Dinge gefesselt, die gewöhnlich höchstens etwa ein bis zwei Meter von ihm entfernt sind.

Seine stärkste Aufmerksamkeit gilt Gegenständen in Reichweite seiner Hände. Seine extrovertierte Aufmerksamkeit erreicht dadurch höchstens eine Stelle in seinem unmittelbaren Gesichtsfeld. Dort verharrt seine Aufmerksamkeit. Wenn dies genau mit einer alten Verletzung, einem Geschehnis oder einer Operation zusammenfällt, dann wird er wahrscheinlich seine Aufmerksamkeit auch auf irgendeinen Punkt in der Vergangenheit heften und *restimuliert* werden - sodass er alle Schmerzen und Krankheiten sowie das Gefühl von Müdigkeit, Apathie oder Sub-Apathie, die er während der Verletzung hatte, wiederbekommt. Da seine Aufmerksamkeit ständig dort gefesselt wird, neigt er natürlich dazu, *nur* dorthin zu schauen, selbst wenn er nicht arbeitet.

Nehmen wir einen Buchhalter. Die Augen eines Buchhalters sind auf Bücher in festgelegten Abständen vor seinen Augen gerichtet. Schließlich wird er „kurzsichtig". Eigentlich wird er nicht kurzsichtig, sondern „buchsichtig". Seine Augen richten sich sehr leicht auf einen bestimmten Punkt in einer Entfernung. Nun, während seine Aufmerksamkeit *dorthin* gerichtet ist, neigt er dazu, sich selbst von *diesem* Punkt zurückzuziehen, bis er schließlich nicht einmal mehr seine eigenen Bücher ganz erreicht. Dann erhält er eine passende Brille, damit er die Bücher klarer sehen kann. Sein Sehvermögen und seine Aufmerksamkeit sind ziemlich dasselbe.

Jemand, der eine Maschine, Bücher oder Gegenstände ständig in einem festgelegten Abstand vor sich hat, verlässt seine Arbeit und neigt dazu, seine Aufmerksamkeit genau dorthin gerichtet zu halten, wo seine Arbeit war. Mit anderen Worten, seine Aufmerksamkeit verlässt eigentlich überhaupt nie seine Arbeit. Obwohl er nach Hause geht, „sitzt er tatsächlich immer noch im Büro". Seine Aufmerksamkeit ist immer noch auf seine Arbeitsumgebung gerichtet. Wenn diese Umgebung derjenigen einer Verletzung oder eines Unfalls entspricht (und wer hat nicht mindestens eines davon?), beginnt er, Überdruss oder Müdigkeit zu fühlen.

Gibt es eine Abhilfe dafür? Natürlich könnte nur ein Praktizierender der Scientology diese Schwierigkeit vollständig beheben. Aber der Arbeiter hat wirklich etwas, das er tun kann.

Nun, Folgendes wäre das *Falsche,* gleichgültig, ob man Rechnungsführer, Buchhalter, kaufmännischer Angestellter, Führungskraft oder Maschinenarbeiter ist. Das Falsche besteht darin, nach Hause zu gehen, sich hinzusetzen und seine Aufmerksamkeit auf einen Gegenstand zu richten, der sich in mehr oder weniger der gleichen Entfernung von einem selbst befindet wie die Gegenstände, die man ständig bei der Arbeit konfrontiert.

Im Falle eines Vorarbeiters beispielsweise, der ständig mit Leuten spricht, die in einem bestimmten Abstand von ihm stehen, wäre es falsch, nach Hause zu kommen und sich im gleichen Abstand mit seiner Frau zu unterhalten. Ehe sie sich's versieht, wird sie Befehle erhalten, als wäre sie ein Mitglied der Werkstatt!

Ganz sicher ist es falsch, nach Hause zu kommen, sich hinzusetzen, Zeitung zu lesen, zu Abend zu essen und zu Bett zu gehen. Wenn ein Mensch den ganzen Tag über Routinearbeit verrichtet und sich dann am Abend mit einem Buch oder einer Zeitung hinsetzt, um sich „auszuruhen", ist es sicher, dass er früher oder später anfangen würde, sich sehr erschöpft zu fühlen. Und dann, nach einer Weile, würde er sogar noch niedriger als das sinken und sich nicht einmal mehr über seine Unwilligkeit wundern, Aufgaben auszuführen, die einst sehr leicht für ihn waren.

Gibt es etwas *Richtiges,* das man tun kann? Ja. Jemand, der sich ständig auf einen bestimmten Arbeitsgegenstand konzentriert, sollte am *Feierabend* seine Aufmerksamkeit auf etwas anderes lenken.

Nun, hier ist ein Prozess, der als der folgende bekannt ist:

MACHEN SIE EINEN SPAZIERGANG.

Dieser Prozess ist sehr einfach durchzuführen.

Wenn man sich nach Beendigung seiner Arbeit müde fühlt, sollte man - gleichgültig, ob der Gedanke daran fast alles ist, was man ertragen kann, ohne vor Müdigkeit umzufallen - hinausgehen und *um den Häuserblock herumgehen,* bis man sich erholt fühlt. Kurz, man sollte um den Häuserblock herumgehen und sich Dinge *ansehen,* bis man die Dinge, die nahe bei einem sind, *sieht.* Es spielt dabei keine Rolle, wie oft man um den Block geht; man sollte so lange um den Block gehen, bis man sich besser fühlt.

Wenn man das tut, wird man feststellen, dass man zuerst ein wenig wacher und dann sehr viel müder wird. Man wird ausreichend müde werden, sodass man jetzt „weiß", dass man ins Bett gehen und ausgiebig schlafen sollte. Das ist *nicht* der Zeitpunkt, an dem man mit dem Gehen aufhören soll, da man dabei ist, durch die Erschöpfung hindurchzugehen. Man ist dabei, seine Erschöpfung „auszugehen".

Man bringt die Erschöpfung nicht durch körperliche Bewegung in Ordnung. Körperliche Bewegung erschien den Leuten immer als der wichtigere Faktor, aber die Bewegung selbst ist relativ unwichtig. Der Faktor, der wichtig ist, besteht darin, dass man seine Aufmerksamkeit von seiner Arbeit löst und auf die materielle Welt richtet, in der man lebt.

Massen sind Realität. Um seine Affinität und Kommunikation zu erhöhen, ist es in der Tat notwendig, Massen zu konfrontieren und zu tolerieren. Deshalb wird man feststellen, dass man sich dadurch, dass man um den Block geht und Gebäude ansieht, auf der Skala nach oben bewegt. Ist man so müde, dass man sich kaum noch dahinschleppen kann, oder so müde, dass man vor Ruhelosigkeit überhaupt nicht ausruhen kann, ist es tatsächlich nötig, dass man Massen konfrontiert. Man ist einfach niedrig auf der Tonskala. Es ist sogar zweifelhaft, ob es so etwas wie eine „Abnahme körperlicher Energie" gibt. Natürlich hat dieser Prozess seine Grenzen. Man kann nicht den ganzen Tag arbeiten, die ganze Nacht um den Block gehen, am nächsten Tag wieder zur Arbeit gehen und dennoch erwarten, dass man sich erleichtert fühlt. Aber man sollte sicherlich einige Zeit damit verbringen zu extrovertieren, nachdem man den ganzen Tag introvertiert ist.

Machen Sie einen Spaziergang ist in vernünftigen Grenzen fast ein Allheilmittel.

Wenn man antagonistisch gegen seine Frau ist, ist es falsch, „sie zu schlagen"! Das Richtige ist, hinauszugehen und einen Spaziergang um den Block zu machen, bis man sich besser fühlt, und sie dazu zu bewegen, in der entgegengesetzten Richtung um den Block zu gehen, bis eine Extroversion von der Situation erreicht ist. Man wird entdecken, dass alle häuslichen Streitigkeiten, insbesondere unter arbeitenden Leuten, von der Tatsache herrühren, dass ihre Aufmerksamkeit zu sehr auf ihre Arbeit und die damit verbundenen Situationen gerichtet war (anstatt dass die Leute überanstrengt waren). Man hat darin versagt, bestimmte Dinge in seiner Arbeitsumgebung zu kontrollieren. Dann kommt man nach Hause und versucht, etwas zu finden, das man kontrollieren *kann*. Das ist normalerweise der Ehepartner oder die Kinder. Und wenn man selbst dort versagt, wird man wahrscheinlich erst recht die Tonskala hinunterfallen.

Die Extroversion der Aufmerksamkeit ist ebenso nötig wie die Arbeit selbst. Es ist eigentlich nichts an der Introversion der Aufmerksamkeit oder an der Arbeit verkehrt. Wenn man nicht etwas hätte, an dem man interessiert sein kann, würde man völlig zugrunde gehen. Falls man aber arbeitet, wird man feststellen, dass wahrscheinlich eine unnatürliche Müdigkeit auftritt. Wenn man feststellt, dass das der Fall ist, dann besteht die Lösung nicht darin, für einige Stunden „in Bewusstlosigkeit zu fallen" - wie beim Schlafen -, sondern darin, dass man tatsächlich die Aufmerksamkeit extrovertiert und dann in einen *wirklich* erholsamen Schlaf fällt.

Diese Prinzipien von Introversion und Extroversion haben viele Auswirkungen. Und obwohl Machen Sie einen Spaziergang in seiner Einfachheit fast lächerlich ist, gibt es viele kompliziertere Prozesse, falls man komplizierter zu werden wünscht. Jedoch wird Machen Sie einen Spaziergang in der Hauptsache mit einer enormen Menge an Schwierigkeiten fertig, die mit der Arbeit zusammenhängen.

Denken Sie daran, dass man dabei zuerst müder und dann frischer wird. Dieses Phänomen ist von Sportlern beobachtet worden. Es wird als das „Überwinden des toten Punktes" bezeichnet. Das Überwinden des toten Punktes besteht in Wirklichkeit daraus, dass man genügend Umgebung und genügend Masse bekommt, um die Erschöpfung des letzten Rennens „auszulaufen". So etwas, wie das Überwinden eines toten Punktes gibt es nicht. Es gibt allerdings so etwas wie eine Rückkehr zur Extroversion hinsichtlich der physischen Welt, in der man lebt.

Ähnlich wie Machen Sie einen Spaziergang gibt es einen weiteren Prozess, der als der folgende bekannt ist:

BETRACHTEN SIE SIE.

Wenn man den ganzen Tag mit Menschen gesprochen hat, den ganzen Tag verkauft hat oder den ganzen Tag mit Menschen zu tun hatte, mit denen schwer umzugehen ist, dann ist es *falsch,* vor allen Menschen auf der Welt wegzulaufen.

Sehen Sie, jemand, der sich beim Umgang mit Leuten überanstrengt, hat große Schwierigkeiten *mit* Menschen gehabt. Er wurde vielleicht von Ärzten operiert, und das undeutliche Bild, wie sie um den Operationstisch herumstehen, lässt ihn „alle Leute" mit „Ärzten" gleichsetzen (das heißt, alle Leute, die stillstehen). Das ist übrigens einer der Gründe, weshalb Ärzte in der Gesellschaft so abgrundtief gehasst werden - sie bestehen auf Praktiken, die als Chirurgie und Narkose bekannt sind, und solche Geschehnisse werden mit alltäglichen Ereignissen verknüpft.

Erschöpfung aufgrund von Umgang mit Leuten deutet eigentlich darauf hin, dass die „Havingness" (ein weiterer Scientology Begriff für „Realität") von Leuten verringert wurde. Jemandes Aufmerksamkeit war auf bestimmte Leute fixiert, während seine Aufmerksamkeit, so dachte er, auf andere Leute gerichtet sein sollte. Und sein Anstrengen der Aufmerksamkeit verringerte die Zahl der Leute, die er beobachtete. Ständig nur auf wenige Leute gerichtete Aufmerksamkeit kann also tatsächlich dazu führen, dass die Zahl der Leute, die man „haben" kann, begrenzt ist (das heißt, die eigene Realität in Bezug auf Menschen allgemein begrenzt ist).

Die Abhilfe dafür ist sehr einfach. Man sollte an einen Ort gehen, der sehr belebt ist - wie zum Beispiel einen Bahnhof oder eine Hauptstraße -, einfach die Straße entlanggehen und dabei Leute bemerken. Einfach *Leute betrachten,* das ist alles. Man wird nach einer Weile feststellen, dass man das Gefühl hat, dass die Menschen „gar nicht so schlecht sind", und man hat ihnen gegenüber eine viel freundlichere Einstellung. Aber was noch wichtiger ist, der Arbeitszustand, dass man sich durch Leute überanstrengt, neigt dazu wegzugehen, wenn man das einige Wochen lang jeden Spätnachmittag tut.

Das ist eines der klügsten Dinge, die ein Verkäufer tun kann, da ein Verkäufer mehr als alle anderen ein maßgebliches Interesse daran hat, fähig zu sein, mit Leuten zurechtzukommen und sie dazu zu bewegen, genau das zu tun, was er von ihnen möchte (nämlich, das zu kaufen, was er anbietet). Wenn er seine Aufmerksamkeit auf nur einen Kunden zu viel heftet, überkommt ihn bereits bei dem Gedanken, mit Leuten zu sprechen oder zu verkaufen, Müdigkeit, und bei allen seinen Tätigkeiten und Handlungen sinkt er auf der Tonskala, beginnt, sich für jede Art von „Schwindler" zu halten, und betrachtet sich schließlich selbst als ein völliges Nichts. Wie die anderen sollte er einfach belebte Orte finden, umhergehen und Leute ansehen. Er wird nach einer Weile feststellen, dass die Menschen wirklich existieren und gar nicht so übel sind.

Etwas, das Leuten auf hohen Regierungsposten geschieht, ist, dass man sie ständig vor dem Volk „schützt". Und schließlich widert sie das ganze Thema sehr an und sie können alle möglichen merkwürdigen Dinge tun. (Siehe das Leben von Hitler und Napoleon.)

Das Prinzip von Introversion und Extroversion könnte in einer Gesellschaft viel mehr Bedeutung erlangen, als es hat. Es gibt etwas, das getan werden könnte - und zwar von der Regierung und von der Geschäftswelt im Allgemeinen -, das wahrscheinlich den Gedanken an Streiks auslöschen und die Produktion merklich erhöhen würde. Arbeiter, die streiken, sind normalerweise nicht so sehr mit den „Arbeitsbedingungen" als mit der Arbeit selbst unzufrieden. Sie fühlen sich gequält. Sie werden gezwungen, zu Zeiten zu arbeiten, wenn sie nicht arbeiten wollen. Und ein Streik bedeutet eine wirkliche Erleichterung. Sie können etwas bekämpfen. Sie können etwas anderes tun, als herumzustehen und mit einer Maschine oder mit Rechnungsbüchern herumzuspielen. Unzufriedene Arbeiter sind streikende Arbeiter. Wenn die Leute bei der Arbeit erschöpft werden, wenn die Leute nicht mit der Arbeit zufrieden sind, wenn die Leute von der Arbeit verstimmt sind, dann kann man damit rechnen, dass sie genügend Grund zur Klage finden werden, um zu streiken. Und wenn die Leute auf den unteren Befehlsketten der Verwaltung genug Ärger machen und nicht kooperieren, kann man sicher sein, dass die Verwaltung früher oder später Situationen erschaffen wird, die Arbeiter zum Streiken veranlassen. Mit anderen Worten, schlechte Arbeitsbedingungen sind eigentlich nicht der Grund für Arbeitsschwierigkeiten und -streitigkeiten. Arbeitsüberdruss selbst oder eine Unfähigkeit, den Arbeitsbereich und die Arbeitsumgebungen zu kontrollieren, *sind* die tatsächliche Ursache für Arbeitsschwierigkeiten.

Jede Verwaltung wird, wenn es genügend hohe Einnahmen dafür gibt und wenn diese Verwaltung nicht schrecklich aberriert ist, einen anständigen Arbeitslohn zahlen. Und jede Arbeitskraft, der man eine halbwegs vernünftige Chance dazu gibt, wird ihre Pflichten fröhlich erledigen. Aber wenn die Umgebung selbst überfordert wird, wenn die Firma durch „Overt-Handlungen" vonseiten der Regierung introvertiert worden ist, wenn den Arbeitern einmal gezeigt wurde, dass sie keine Kontrolle über die Verwaltung haben - dann können daraufhin Arbeitsstreitigkeiten entstehen. All diesen offenkundigen Prinzipien liegen jedoch die Prinzipien von Introversion und Extroversion zugrunde. Die Arbeiter werden bei ihrer Aufgabe so introvertiert, dass sie gegenüber ihren Vorgesetzten keine Affinität mehr empfinden können und wirklich nicht mehr in der Lage sind, die Umgebung zu sehen, in der sie arbeiten.

Deshalb kann jemand vorbeikommen und ihnen erzählen, dass „alle Führungskräfte Menschenfresser seien", was offensichtlich nicht wahr ist. Und auf Führungsebene kann jemand kommen und den Führungskräften erzählen, dass „alle Arbeiter Menschenfresser seien", was andererseits offensichtlich genauso wenig wahr ist.

In Ermangelung einer umfassenden individuellen Behandlung, was eine ungeheure Aufgabe wäre, könnte ein vollständiges Programm ausgearbeitet werden, das das Prinzip der Introversion behandelt. Es ist sicher, dass Arbeiter oder Manager, wenn sie genügend introvertiert werden, dann Mittel und Wege finden werden, um aberrierte Spiele - wie zum Beispiel Streiks - zu erfinden, und so die Produktion, anständige menschliche Beziehungen und Lebensbedingungen innerhalb der Fabrik, des Büros oder des Unternehmens stören werden.

Die Abhilfe würde daraus bestehen, Arbeiter in sehr großem Rahmen zu extrovertieren. Eine mögliche Lösung wäre, allen Arbeitern die Möglichkeit zu geben, zwei Stellungen zu haben. Es wäre nötig, dass das Unternehmen oder entsprechende Interessengruppen - wie zum Beispiel die Regierung - tatsächlich eine genügend große Anzahl von „öffentlichen Arbeitsprojekten" zur Verfügung stellt, um für Arbeiter Arbeit außerhalb des genauen Einsatzbereiches zu bieten. Mit anderen Worten, jemand, der ständig *in einem Raum* und an einer genau festgelegten Aufgabe arbeiten muss, würde eine beträchtliche Erleichterung dabei finden, wenn er *ins Freie* gehen und dort arbeiten könnte - besonders an einer Aufgabe, die *ganz anders* ist.

Beispielsweise wäre es eine beträchtliche Erleichterung für einen Buchhalter, eine Weile Gräben ausheben zu können. Ein Maschinenarbeiter, der eine fest installierte Maschine bedient, würde tatsächlich feststellen, dass es eine sehr freudige Erfahrung darstellt, eine Planierraupe herumzuschieben.

Ein solcher Plan würde *Introversion* und *Extroversion* also tatsächlich enorm förderlich sein. Arbeiter, die in gleichbleibender Haltung arbeiten und ihre Aufmerksamkeit auf Gegenstände in ihrer unmittelbaren Nähe richten, dürften sich dann weiter umschauen und mit Dingen umgehen, die dazu neigten, sie zu extrovertieren. Ein solches Programm wäre sehr ehrgeizig. Aber man würde sicherlich feststellen, dass es zu besseren Beziehungen zwischen der Arbeiterschaft und der Verwaltung, besserer Produktion und einer beträchtlichen Verringerung der Spannungen in Bezug auf die Arbeit und die Öffentlichkeit zu Fragen der Anstellung und Bezahlung führt.

Kurz, es gibt viele Dinge, die mit dem Grundprinzip der Introversion - Extroversion getan werden könnten.

Das Prinzip ist sehr einfach. Wenn jemand zu sehr introvertiert wird, werden die Dinge in seiner Umgebung weniger real, er empfindet weniger Affinität für sie und kann nicht gut mit ihnen kommunizieren. Das, was *tatsächlich* kommuniziert, wird außerdem wahrscheinlich auf seiner niedrigeren Tonskala kommunizieren, sodass selbst gute Nachrichten von ihm schlecht empfangen werden. In einem solchen Zustand wird er leicht müde. Introversion führt zu Überdruss, Erschöpfung und dann zu Arbeitsunfähigkeit. Die Abhilfe dafür ist Extroversion - ein ausgiebiges Betrachten und Kommunikation mit der weiteren Umgebung. Und wenn man dies nicht tut, dann wird sich in Anbetracht der Tatsache, dass jeder Arbeiter Verletzungen oder Krankheiten der einen oder anderen Art unterliegt, eine enger werdende Abwärtsspirale ergeben, welche Arbeit immer weniger angenehm macht, bis sie schließlich überhaupt nicht mehr ausgeführt werden kann. Und das ist die Grundlage einer nicht nur unproduktiven, sondern auch kriminellen Gesellschaft.

KAPITEL ACHT

Der Mensch, der Erfolg hat

KAPITEL ACHT

DER MENSCH, DER ERFOLG HAT

DIE VORAUSSETZUNGEN FÜR ERFOLG sind wenige und lassen sich leicht nennen.

Stellungen werden durchweg und in Wahrheit nicht aufgrund von Fügungen des Schicksals oder Glück gehalten. Diejenigen, die sich auf das Glück verlassen, erleben im Allgemeinen Pech.

Die Fähigkeit, eine Stellung zu behalten, hängt im Wesentlichen von Fähigkeit ab. Man muss fähig sein, seine Arbeit zu kontrollieren, und muss fähig sein, sich beim Verrichten seiner Arbeit kontrollieren zu lassen. Man muss außerdem fähig sein, gewisse Bereiche unkontrolliert zu belassen. Die eigene Intelligenz hängt direkt mit der eigenen Fähigkeit zusammen. So etwas, wie zu klug zu sein, gibt es nicht. Aber es gibt so etwas, wie zu dumm zu sein.

Aber man kann sowohl fähig als auch intelligent sein, ohne Erfolg zu haben. Ein wesentlicher Teil des Erfolgs liegt in der Fähigkeit, nicht nur die eigenen Berufswerkzeuge zu handhaben und sie zu kontrollieren, sondern auch die Leute, von denen man umgeben ist. Um das zu tun, muss man zu einer sehr hohen Affinitätsstufe fähig sein, man muss fähig sein, massive Realitäten zu ertragen, und man muss auch fähig sein, Kommunikation zu geben und zu empfangen.

Die Bestandteile des Erfolges sind also, erstens, eine Fähigkeit, Arbeit mit Freude und nicht mit Widerwillen zu konfrontieren, ein Wunsch, Arbeit um ihrer selbst willen zu tun, nicht, weil man „einen Lohnscheck braucht“. Man muss arbeiten können, ohne sich selbst anzutreiben oder sehr schwere Erschöpfungszustände zu erleben. Wenn ein Mensch solche Dinge erlebt, ist etwas mit ihm verkehrt. Es gibt irgendein Element in seiner Umgebung, das er kontrollieren sollte, aber nicht kontrolliert. Oder seine angesammelten Verletzungen sind derart, dass sie ihn veranlassen, vor allen Menschen und Massen zurückzuschrecken, mit denen er in engem Kontakt sein sollte.

Die Bestandteile erfolgreicher Arbeit sind Ausbildung und Erfahrung auf dem betreffenden Gebiet, gute allgemeine Intelligenz und Fähigkeit, ein hohes Affinitätspotenzial, Toleranz gegenüber der Realität und die Fähigkeit, Ideen zu kommunizieren und zu empfangen.

Unter diesen Voraussetzungen bleibt nur eine geringe Chance zu versagen. Unter diesen Voraussetzungen kann ein Mensch alle Zufälle der Geburt, der Heirat oder des Vermögens ignorieren – denn Geburt, Heirat und Vermögen können einem diese notwendigen Bestandteile nicht in die Hände legen.

Man könnte alles Geld der Welt besitzen und trotzdem unfähig sein, eine Stunde ehrlicher Arbeit zu leisten. Ein solcher Mensch wäre furchtbar unglücklich.

Jemand, der Arbeit geflissentlich meidet, arbeitet normalerweise viel länger und viel schwerer als jemand, der Arbeit gerne konfrontiert und sie bewerkstelligt. Menschen, die nicht arbeiten können, sind keine glücklichen Menschen.

Arbeit ist das stabile Datum dieser Gesellschaft. Ohne etwas zu tun, gibt es nichts, wofür wir leben. Jemand, der nicht arbeiten kann, ist so gut wie tot, zieht normalerweise den Tod vor und arbeitet daran, ihn zu erreichen.

Die Geheimnisse des Lebens sind heute, mit der Scientology, nicht sehr geheimnisvoll. Geheimnis ist kein notwendiger Bestandteil. Nur der sehr aberrierte Mensch wünscht sich, dass große Geheimnisse von ihm ferngehalten werden. Scientology hat viele Komplexitäten zerschlagen, die man für die Menschen geschaffen hat, und den Kern dieser Probleme bloßgelegt. Zum ersten Mal in der Geschichte der Menschheit kann Scientology die Intelligenz voraussagbar steigern, Fähigkeiten erhöhen, eine Wiederkehr der Fähigkeit herbeiführen, ein Spiel zu spielen, und sie erlaubt dem Menschen, aus der enger werdenden Abwärtsspirale seiner eigenen Unfähigkeiten zu entkommen. Deshalb kann Arbeit selbst wieder etwas Angenehmes und Freudiges werden.

Es gibt etwas, das man in der Scientology gelernt hat und das für die Gemütsverfassung der Arbeitskraft sehr wichtig ist. Man glaubt in seiner Gesellschaft sehr oft, dass man nur für den unmittelbaren Lohnscheck arbeitet und dass man für die gesamte Gesellschaft nichts von Wert gewinnt. Diese Menschen wissen mehrere Dinge nicht. Eines davon ist, wie *knapp* gute Arbeiter sind. Auf der Ebene der Führungskräfte ist es interessant zu bemerken, für wie wertvoll irgendeine große Firma jemanden *wirklich* hält, der mit Stellungen und Menschen umgehen und sie kontrollieren kann. Solche Leute sind selten. Alle freien Stellen in der Struktur dieser Alltagswelt liegen an der Spitze.

Und es gibt noch etwas, das sehr wichtig ist. Und das ist die Tatsache, dass die heutige Welt - durch geistige Philosophien, die die Menschen täuschen sollen - dazu verführt worden ist zu glauben, dass alles aus und vorbei ist, wenn man tot ist, und dass man keine weitere Verantwortung für irgendetwas hat. Es ist höchst zweifelhaft, ob das wahr ist. Man erbt morgen das, woraus man gestern herausgestorben ist.

Etwas Weiteres, das wir wissen, ist die Tatsache, dass Menschen nicht entbehrlich sind. Es ist ein Mechanismus alter Philosophien, den Leuten Folgendes zu sagen: „Wenn sie glauben, sie seien unentbehrlich, sollten sie auf den Friedhof gehen und sich dort umsehen - jene Menschen waren auch unentbehrlich." Das ist reinste Dummheit. Wenn man sich den Friedhof wirklich genau ansähe, fände man den Techniker, der die Entwürfe für Maschinen in der Vergangenheit verwirklicht hat und ohne den es heute keine Industrie gäbe. Es ist zu bezweifeln, ob im Augenblick eine ähnliche Tat vollbracht wird.

Eine Arbeitskraft ist nicht nur eine Arbeitskraft. Ein Arbeiter ist nicht nur ein Arbeiter. Ein Büroangestellter ist nicht nur ein Büroangestellter. Sie sind lebende, atmende, wichtige Säulen, auf denen die gesamte Struktur unserer Zivilisation aufgebaut ist. Sie sind kein Rädchen in einer gewaltigen Maschine. Sie sind die Maschine selbst.

Wir sind auf ein Niveau geringer Arbeitsfähigkeit abgesunken. Büros hängen sehr oft von nicht mehr als ein oder zwei Leuten ab und die zusätzlichen Mitarbeiter scheinen die Lage nur zu komplizieren. Ganze Länder verdanken ihren Fortschritt der Produktion von nur wenigen Fabriken. Es ist so, als würde die Welt von einer Handvoll verzweifelter Menschen zusammengehalten, welche die übrige Welt vielleicht, indem sie sich zu Tode arbeiten, in Gang halten.

Aber andererseits schaffen sie es vielleicht auch nicht.

Ihnen ist dieses Buch gewidmet.

„Es ist so, als würde die Welt von einer Handvoll verzweifelter Menschen zusammengehalten, welche die übrige Welt vielleicht, indem sie sich zu Tode arbeiten, in Gang halten. Aber andererseits schaffen sie es vielleicht auch nicht. Ihnen ist dieses Buch gewidmet.“

ANHANG

Weiteres Studium

Bücher und Vorträge von L. Ron Hubbard

Die Materialien der Dianetik und Scientology umfassen das größte Informationsgefüge, das je über den Verstand, das geistige Wesen und das Leben zusammengetragen wurde. Während fünf Jahrzehnten der Forschung, Untersuchung und Entwicklung verbesserte und systematisierte L. Ron Hubbard es unablässig. Die Ergebnisse dieser Arbeit sind in Hunderten von Büchern und mehr als 3.000 aufgezeichneten Vorträgen enthalten. Eine vollständige Auflistung und Beschreibung von ihnen allen, einschließlich der übersetzten Ausgaben, die in Ihrer Sprache erhältlich sind, können in jeder Scientology Kirche oder Verlagsorganisation bezogen werden. (Siehe ***Guide zu den Materialien.***)

Die im Folgenden aufgeführten Bücher und Vorträge bilden die Grundlage, auf der die Brücke zur Freiheit gebaut ist. Sie werden hier in der Reihenfolge aufgeführt, wie L. Ron Hubbard sie geschrieben beziehungsweise gehalten hat. In vielen Fällen hielt L. Ron Hubbard eine Reihe von Vorträgen direkt im Anschluss an die Herausgabe eines neuen Buches, um weitere Erklärungen und Einblicke in diese entscheidenden Informationen zu bieten. Aufgrund enormer Bemühungen, jene Vorträge zu übersetzen, sind sie jetzt auf Deutsch verfügbar. Sie werden hier zusammen mit dem jeweiligen begleitenden Buch aufgeführt.

Während L. Ron Hubbards Bücher die Zusammenfassungen von Errungenschaften und Schlussfolgerungen enthalten, so wie sie auf dem Entwicklungspfad seiner Forschung erschienen, liefern seine Vorträge die laufende, tägliche Aufzeichnung der Forschung und erklären die Gedanken, Schlussfolgerungen, Tests und Demonstrationen, die auf dieser Route liegen. In dieser Hinsicht bilden die Vorträge die vollständige Aufzeichnung des gesamten Forschungsweges und liefern nicht nur die wichtigsten Errungenschaften in der Geschichte des Menschen, sondern auch, *warum* und *wie* L. Ron Hubbard zu ihnen gelangte.

Ein chronologisches Studium dieser Bücher und Vorträge ist nicht zuletzt deshalb von Vorteil, weil dabei Wörter und Ausdrücke einbezogen werden, die L. Ron Hubbard bei ihrer ursprünglichen Verwendung mit beträchtlicher Genauigkeit definierte. Weit über eine bloße „Definition" hinaus sind ganze Vorträge einer vollständigen Beschreibung jedes neuen Dianetik- oder Scientology-Ausdruckes gewidmet - das ermöglichte die Errungenschaft, sowohl ihre Anwendung im Auditing als auch ihre Anwendung auf das Leben selbst. Infolgedessen bleibt man ohne missverstandene Ausdrücke, erhält ein vollständiges begriffliches Verstehen der Dianetik und Scientology und begreift die Themen auf einer Stufe, wie es sonst nicht möglich wäre.

Wenn Sie in der richtigen Reihenfolge studieren, können Sie sehen, wie das Fachgebiet Fortschritte machte, und die höchsten Entwicklungsstufen erkennen. Die nachfolgende Auflistung von Büchern und Vorträgen zeigt, wo jedes sich innerhalb der Entwicklungslinie einfügt. Davon ausgehend können Sie bestimmen, was Ihr *nächster* Schritt ist oder welche früheren Bücher und Vorträge Sie ausgelassen haben mögen. Dann werden Sie imstande sein, Lücken zu füllen, und somit nicht nur das Wissen jeder Errungenschaft erlangen, sondern ein größeres Verstehen dessen, was Sie bereits studiert haben.

Das ist der Weg, um zu wissen, wie man weiß; so schließen Sie das Tor zu Ihrer zukünftigen Ewigkeit auf. Beschreiten Sie ihn.

Dianetik: Die Ursprüngliche Studie • L. Ron Hubbards *erste* Beschreibung der Dianetik. Ursprünglich war das Buch als Manuskript im Umlauf, wurde schon bald vervielfältigt und von einem zum anderen weitergereicht. Die daraus resultierende Mundpropaganda erschuf eine solche Nachfrage nach weiterer Information, dass Hubbard beschloss, dass ein Buch die einzige Möglichkeit wäre, auf die Anfragen zu antworten. Dieses Buch war Dianetik: Der Leitfaden für den menschlichen Verstand, das jetzt zum unübertroffenen Selbsthilfe-Bestseller geworden ist. Finden Sie heraus, wie alles begann. Denn hier befinden sich die fundamentalen Grundlagen der Entdeckungen über die Dianetik: die *Ursprünglichen Axiome*, das *Dynamische Prinzip des Daseins*, der *Aufbau des Analytischen* und *Reaktiven Verstandes*, die *Dynamiken*, die *Tonskala*, der *Auditorenkodex* und die erste Beschreibung eines *Clears*. Und sogar noch mehr als das: Hier findet man die Hauptgesetzmäßigkeiten, die beschreiben, *wie* und *warum* Auditing funktioniert. Es steht nur hier in Dianetik: Die Ursprüngliche Studie.

Dianetik: Die Entwicklung einer Wissenschaft • Dies ist die Geschichte davon, *wie* L. Ron Hubbard den reaktiven Verstand entdeckte und die Verfahren für Auditing entwickelte, um ihn loszuwerden. Das Buch wurde ursprünglich für ein nationales Magazin geschrieben und erschien zur gleichzeitigen Veröffentlichung mit Dianetik: Der Leitfaden für den menschlichen Verstand – nach seiner Veröffentlichung setzte es praktisch über Nacht eine Bewegung in Gang, die sich wie ein Lauffeuer verbreitete. Hier findet man somit sowohl die Grundlagen der Dianetik als auch den einzigen Bericht von L. Ron Hubbard über seine zwei Jahrzehnte dauernde Entdeckungsreise und darüber, wie er wissenschaftliche Methodik auf die Probleme des menschlichen Verstandes anwandte. Er schrieb es, damit Sie Bescheid wissen würden. Daher ist dieses Buch ein Muss für jeden Dianetiker und Scientologen.

Dianetik: Der Leitfaden für den menschlichen Verstand • Der Blitz aus heiterem Himmel, der eine weltweite Bewegung in Gang setzte. Zwar hatte Hubbard seine Entdeckung des reaktiven Verstandes vorher bekannt gegeben, doch dieses Buch schürte das entfachte Feuer derer weiter, die nach mehr Informationen strebten. Genauer gesagt: Es war für einen einzigen Menschen praktisch unmöglich, einen ganzen Planeten zu klären. Dieses Buch beinhaltet alle von Hubbards früheren Entdeckungen sowie die Fallgeschichten jener bahnbrechenden Erkenntnisse, die es in Anwendung zeigt. Somit stellte L. Ron Hubbard das vollständige Handbuch des Dianetik Verfahrens zur Verfügung, um Auditoren auszubilden, die es überall anwenden sollten. Dianetik: Der Leitfaden für den menschlichen Verstand ist seit mehr als einem halben Jahrhundert ein Bestseller. Es existieren viele Millionen gedruckte Exemplare in mehr als fünfzig Sprachen und das Buch wird in mehr als 100 Ländern der Erde angewandt. Es ist unbestreitbar das meistgelesene und einflussreichste Buch über den menschlichen Verstand, das je geschrieben wurde. Und das ist der Grund, warum es für immer als *Buch Eins* bekannt sein wird.

Dianetik-Vorträge und -Demonstrationen • Gleich nach der Veröffentlichung von *Dianetik* begann L. Ron Hubbard vor vollen Auditorien in ganz Amerika Vorträge zu halten. Obwohl er sich an Tausende auf einmal wandte, wuchs die Nachfrage unaufhörlich. Um dieser Nachfrage gerecht zu werden, wurde seine Vorführung in Oakland, Kalifornien, aufgezeichnet. In diesen vier Vorträgen berichtet L. Ron Hubbard von den Ereignissen, die ihn zu seiner Untersuchung veranlassten und zu seiner persönlichen Reise zu seinen bahnbrechenden Entdeckungen. Er ließ dem Ganzen eine persönliche Demonstration von Dianetik Auditing folgen – die einzige erhältliche derartige Demonstration von Buch Eins. *4 Vorträge.*

Dianetik Professionellen-Kurs-Vorträge – ***Ein spezieller Kurs für Buch-Eins-Auditoren*** • Nachdem L. Ron Hubbard sechs Monate lang von Küste zu Küste gereist war, um den ersten Dianetikern Vorträge zu halten, versammelte er Auditoren in Los Angeles zu einem neuen Professionellen-Kurs. Das Thema war seine nächste umfassende Entdeckung über das Leben – das *ARK-Dreieck,* das die Beziehung von *Affinität, Realität* und *Kommunikation* beschreibt. In einer Reihe von fünfzehn Vorträgen gab Hubbard viele neue Entdeckungen bekannt, einschließlich des *Spektrums der Logik,* das unendlich viele Gradienten von richtig bis falsch enthält, *ARK und die Dynamiken;* die *Tonskalen von ARK,* den *Auditorenkodex* und wie er mit ARK in Verbindung steht; und die *Tabelle der Zugänglichkeit,* die einen Fall klassifiziert und verrät, wie er auditiert werden muss. Hier findet man daher sowohl die endgültige Aussage über das Auditing-Verfahren aus Buch Eins als auch die Entdeckung, an die sich jede weitere Forschung anlehnen sollte. Man hatte seit mehr als fünfzig Jahren angenommen, dass die Informationen in diesen Vorträgen verloren waren und sie nur als Studentennotizen zur Verfügung standen, veröffentlicht in Notizen zu den Vorträgen. Die ursprünglichen Aufnahmen wurden jetzt entdeckt und zum ersten Mal allgemein verfügbar gemacht. Das Leben in seinem höchsten Zustand, *Verstehen,* besteht aus Affinität, Realität und Kommunikation. Und wie LRH sagte, findet man die beste Beschreibung des ARK-Dreiecks in diesen Vorträgen. *15 Vorträge.*

Die Wissenschaft des Überlebens – ***Die Vorhersage menschlichen Verhaltens*** • Das nützlichste Buch, das Sie je besitzen werden. Im Mittelpunkt von Die Wissenschaft des Überlebens steht die *Hubbard Tabelle der Einschätzung des Menschen.* Damit stellt das Buch die erste genaue Vorhersage für menschliches Verhalten dar. Die Tabelle umfasst alle Manifestationen von jemandes Überlebenspotenzial, abgestuft von der höchsten bis zur niedrigsten. Das macht es zum vollständigen Buch über die Tonskala. Wenn man nur ein oder zwei charakteristische Merkmale einer Person kennt und diese Tabelle verwendet, kann man die Position des Betreffenden auf der Tonskala bestimmen und so das Übrige wissen. Man kann auf diese Weise einen akkuraten Hinweis auf die *gesamte* Persönlichkeit, das Verhalten und den Charakter der Person erhalten. Vor diesem Buch war die Welt davon überzeugt, dass sich Fälle nicht verbessern, sondern nur verschlechtern könnten. Die Wissenschaft des Überlebens vermittelt die Vorstellung von verschiedenen Fallzuständen sowie die brandneue Vorstellung, dass man auf der Tonskala nach oben voranschreiten kann. Dieses Buch bildet die Grundlage der heutigen Gradkarte.

Vorträge zu Die Wissenschaft des Überlebens • Der Entwicklung der Tonskala und der Hubbard Tabelle der Einschätzung des Menschen lag eine monumentale Entdeckung zugrunde: Die *Theta-Mest-Theorie.* Sie beinhaltet die Erklärung der Wechselbeziehung zwischen Leben – *Theta* – und dem physikalischen Universum aus Materie, Energie, Raum und Zeit – *Mest.* In diesen Vorträgen, die direkt nach der Veröffentlichung des Buches vor Studenten gehalten wurden, lieferte Hubbard die ausführlichste Beschreibung von allem, was der Tabelle der Einschätzung des menschlichen Verhaltens und ihrer Anwendung im Leben selbst zugrunde liegt. Außerdem befindet sich hier auch die Erklärung des Verhältnisses von *Theta* und *en(turbuliertem) Theta,* d. h. *Entheta,* das jemandes Position auf der Tonskala bestimmt, sowie die Mittel, um zu höheren Zuständen aufzusteigen. *4 Vorträge.*

SELBSTANALYSE • Die Barrieren des Lebens sind eigentlich nur Schatten. Lernen Sie sich selbst kennen – nicht nur einen Schatten Ihrer Selbst. Selbstanalyse, das die vollständigste Beschreibung des Bewusstseins enthält, führt Sie durch Ihre Vergangenheit und Ihre potenziellen Möglichkeiten, Ihr Leben. Unter Verwendung einer speziellen Version der Hubbard Tabelle der Einschätzung des Menschen und einer Reihe von Selbstuntersuchungen ermitteln Sie, wo Sie sich auf der Tonskala befinden. Indem Sie dann eine Reihe leichter, jedoch äußerst wirkungsvoller Prozesse verwenden, beginnen Sie das großartige Abenteuer der Selbstentdeckung. Zusätzlich enthält dieses Buch umfangreiche Prinzipien, die *jeden* Fall erreichen, vom niedrigsten bis zum höchsten – einschließlich Auditing-Techniken, die so wirkungsvoll sind, dass Hubbard in allen folgenden Jahren bis hin zu den höchsten Stufen wiederholt auf sie verweist. Kurz gesagt, dieses Buch bringt jemanden nicht nur die Tonskala hinauf, sondern ist imstande, eine Person aus praktisch allem herauszuholen.

FORTGESCHRITTENES VERFAHREN UND AXIOME • Mit neuen Errungenschaften über die Natur und den Aufbau von Engrammen – „Engramme sind nur dann wirksam, wenn die Person selbst bestimmt, dass sie wirksam sein werden" – ging die Entdeckung einher, wie ein Wesen *Service-Faksimiles* verwendet: ein Mechanismus, der eingesetzt wird, um Versagen im Leben hinwegzuerklären, der eine Person dann aber in schädlichen Verhaltensmustern und weiteren Fehlschlägen festhält. Daraus ging eine neue Art von Prozessing hervor, das sich an *Gedanke, Emotion* und *Anstrengung* richtet. Es wird in den „Fünfzehn Akten" des Fortgeschrittenen Verfahrens beschrieben und zielt auf die Rehabilitierung der *Selbstbestimmung* des Preclears. Daher schließt dieses Buch auch eine allumfassende, keine Ausreden zulassende Beschreibung von *Voller Verantwortung* ein – dem Schlüssel, der das Ganze aufschließt. Des Weiteren finden Sie hier auch die systematische Darstellung von *Definitionen, Logiken* und *Axiomen*, die sowohl eine Zusammenfassung des gesamten Wissensgebietes als auch eine Richtung für jegliche künftige Erforschung darstellt. *Siehe das Handbuch für Preclears, das als begleitendes Selbst-Prozessing-Handbuch zu Fortgeschrittenes Verfahren und Axiome geschrieben wurde.*

GEDANKE, EMOTION UND ANSTRENGUNG • Mit der Systematisierung der Axiome kamen die Mittel, um Schlüsselstellen bei einem Fall anzugehen, die imstande wären, jegliche Aberration zu entwirren. *Grundlegende Postulate, Primärer Gedanke, Ursache und Wirkung* und deren Auswirkung auf alles, von *Erinnerung* und *Verantwortung* bis hin zur Rolle, die eine Person selbst dabei spielt, *Engrammen* Kraft zu verleihen – Themen, die nur in dieser Vortragsreihe behandelt werden. Diese Vorträge enthalten auch die vollständigste Beschreibung von *Service-Faksimiles* – und warum, sie aufzulösen, jegliches selbst auferlegtes Unvermögen behebt. *21 Vorträge.*

HANDBUCH FÜR PRECLEARS • Mit den „Fünfzehn Akten" von Fortgeschrittenes Verfahren und Axiome gehen die im Handbuch für Preclears beschriebenen fünfzehn Selbst-Prozessing-Akte einher. Darüber hinaus enthält dieses Buch eine Reihe von Essays, welche die ausführlichste Beschreibung des *Idealen Zustandes des Menschen* angeben. Entdecken Sie, warum Verhaltensmuster zu etwas derart fest Fixiertem werden, warum Gewohnheiten scheinbar nicht abgelegt werden können, inwiefern vor langem getroffene Entscheidungen mehr Macht über eine Person haben als ihre heutigen Entscheidungen und warum jemand in der Gegenwart vergangene, negative Erfahrungen behält. Alles ist klar in der Tabelle der Einstellungen dargestellt - ein Meilenstein, der die Tabelle der Einschätzung des Menschen ergänzt -, die den idealen Seinszustand und die *Einstellungen* und *Reaktionen* einer Person auf das Leben festlegt. *Beim Selbst-Prozessing wird Das Handbuch für Preclears in Verbindung mit Selbstanalyse verwendet.*

DAS LEBENSKONTINUUM • Unter einem Sturm von Anfragen um Vorträge über seine neusten Errungenschaften antwortete Hubbard mit allem und mehr auf der Zweiten jährlichen Zusammenkunft von Dianetik Auditoren. Hier beschreibt er die Technologie, die den Selbst-Prozessing-Schritten des *Handbuches* zugrunde liegt, und es ist der Ort, wo das *Wie* und *Warum* des Ganzen zu finden ist: die Entdeckung des *Lebenskontinuums* - des Mechanismus, der die Person dazu zwingt, das Leben einer verstorbenen oder dahingeschiedenen Person fortzuführen, indem sie in ihrem eigenen Körper die Gebrechen und Eigenarten des Verstorbenen hervorbringt. Kombiniert mit Instruktionen an Auditoren, wie sie die Tabelle der Einstellungen beim Bestimmen des richtigen Einstiegsgradienten bei jedem Fall verwenden sollten, finden sich hier ebenfalls Anweisungen in Bezug auf die Verbreitung des Handbuches und somit die Mittel, umfangreiches Clearing in Gang zu setzen. *10 Vorträge.*

SCIENTOLOGY: MEILENSTEIN EINS • Hubbard begann den ersten Vortrag in dieser Reihe mit sechs Worten, die die Welt für immer verändern würden: „Dies ist ein Kurs in *Scientology.*" Von da an beschrieb Ron nicht nur den gewaltigen Anwendungsbereich für das damals brandneue Fachgebiet, er beschrieb auch ausführlich seine Entdeckungen über vergangene Leben. Dann ging er zur Beschreibung des ersten E-Meters und seiner anfänglichen Verwendung bei der Enthüllung der *Theta-Linie* (der gesamten Zeitspur des Daseins eines Thetans) über, die sich von der *genetischen Körperlinie* (der Zeitspur von Körpern und ihrer physischen Entwicklung) völlig unterscheidet, erschütterte damit die „Nur-ein-Leben"-Lüge und offenbarte die *Gesamtzeitspur* des spirituellen Daseins. Dies ist die eigentliche Geburtsstunde der Scientology. *22 Vorträge.*

DER WEG ZUR UNENDLICHKEIT: TECHNIK-80-VORTRÄGE • L. Ron Hubbard erklärte: „Technik 80 ist die *Sein-oder-Nicht-Sein*-Technik." Damit enthüllte er das entscheidende Fundament, auf dem Fähigkeit und geistige Gesundheit ruhen: *das Vermögen eines Wesens, eine Entscheidung zu treffen.* Hier sind also der Aufbau von „Vielleicht", die *Wellenlängen von ARK,* die *Tonskala von Entscheidungen* beschrieben und die Werkzeuge, um die Fähigkeit eines Wesens *Zu Sein* zu rehabilitieren ... praktisch *alles. 7 Vorträge. (Die Kenntnis von Technik 80 ist erforderlich für Technik 88, wie sie in Scientology: Entwicklungsgeschichte des Menschen beschrieben ist - im Weiteren.)*

Scientology: Entwicklungsgeschichte des Menschen • „Eine kaltblütige, auf Tatsachen beruhende Beschreibung Ihrer letzten 76 Billionen Jahre." So beginnt Entwicklungsgeschichte des Menschen, welches die bahnbrechende *Technik 88* vorstellt. In diesem Buch wird zum ersten Mal die Wahrheit über die Gesamtzeitspur-Erfahrung enthüllt und ausschließlich der Thetan im Auditing angesprochen. Hier wird Geschichte mit dem ersten E-Meter enträtselt und es werden die Hauptgeschehnisse auf der Gesamtzeitspur dargelegt und beschrieben, die bei jedem menschlichen Wesen gefunden werden können: *Elektronische Implants, Entitäten,* die *genetische Zeitspur, Geschehnisse zwischen-den-Leben, wie sich Körper entwickelten* und *warum Sie in ihnen gefangen wurden* - all das wird hier ausführlich beschrieben.

Technik 88: Geschehnisse auf der Zeitspur Vor der Erde • „Technik 88 ist die übertriebenste, überschäumendste, dramatischste, nicht mehr zu überbietende, hochfliegendste, hervorragendste, eindrucksvollste, überdimensionalste und großartigste Technik, die der Verstand des Menschen in vorstellbarer Weise je umfassen könnte. Sie ist so groß wie die Gesamtzeitspur samt all ihren Geschehnissen darauf. Sie ist das, was Sie darauf anwenden; sie ist das, was geschah. Sie enthält Rätsel und Geheimnisse, die Mysterien aller Zeiten. Sie könnten dieser Technik eine Schlagzeile widmen, so wie es bei einer Nebenattraktion gemacht wird, aber es gibt nichts, was Sie sagen könnten, es existiert kein Adjektiv, das Sie verwenden könnten, um auch nur einen kleinen Ausschnitt davon angemessen zu beschreiben. Sie setzt nicht nur der Vorstellungskraft arg zu, sondern sie veranlasst Sie dazu, sich zu schämen, sich irgendetwas vorzustellen!" So lauten Hubbards einführende Worte an Sie in dieser noch nie zuvor erhältlichen Vortragsreihe, die alles andere ausführt, was in Entwicklungsgeschichte des Menschen enthalten ist. Was Sie erwartet, ist die Gesamtzeitspur selbst. *15 Vorträge.*

Scientology 8-80 • Die *erste* Erklärung der Elektronik menschlichen Denkens und der Energiephänomene bei jedem Wesen. Entdecken Sie, wie sich in einem Wesen sogar Bewegungsgesetze des physikalischen Universums widerspiegeln, ganz zu schweigen von der Elektronik von Aberration. Hier ist die Verbindung zwischen Theta und Mest; hier wird beschrieben, was Energie *ist* und wie man sie *erschafft.* Es war diese bahnbrechende Erkenntnis, die das Gebiet über die *Flows* eines Thetans aufdeckte und die wiederum heute in *jedem* Auditing-Prozess verwendet wird. Im Titel des Buches steht „8-8" für *Unendlichkeit-Unendlichkeit* und „0" symbolisiert das Statik, *Theta.* Es beinhaltet die *Wellenlängen von Emotion, Ästhetik, Schönheit und Hässlichkeit, Inflow und Outflow* sowie die *Unter-Null-Tonskala* - nur auf den Thetan anwendbar.

Der Ursprung der Lebensenergie • Angefangen mit der Ankündigung seines neuen Buches - Scientology 8-80 - enthüllte L. Ron Hubbard nicht nur seine Entdeckungen über Theta als den Ursprung der Lebensenergie, sondern beschrieb auch genau die *Forschungsmethoden,* die er verwendete, um diese sowie jede andere Entdeckung der Dianetik und Scientology zu machen: die *Qs* und *Logiken* - Methoden des *Denkens,* die auf jedes Universum oder jeden Denkprozess Anwendung finden. Hier finden Sie demnach sowohl, *wie man denkt,* als auch, *wie man sämtliche Daten und sämtliches Wissen auswertet,* und somit das Kernstück zu einem vollständigen Verstehen der Scientology und des Lebens selbst. *14 Vorträge.*

DIE HERRSCHAFT VON THETA • Während er sein neuestes Buch und den Doktoratskurs vorbereitete, den er im Begriff war abzuhalten, versammelte Hubbard Auditoren für einen neuen Professionellen-Kurs. Er sagte: „Zum ersten Mal begeben wir uns wirklich mit diesem Kurs über die Reichweite des Wortes *Überleben* hinaus." Mit dieser Aussicht vermittelt Die Herrschaft von Theta die Technologie, welche die Brücke vom Wissen aus 8-80 zu 8-8008 schlägt, und liefert die erste vollständige Erklärung des Themas *Ursache* sowie einen permanenten Orientierungswechsel im Leben; von *MEST* zu *Theta. 10 Vorträge.*

SCIENTOLOGY 8-8008 • Die vollständige Beschreibung des Verhaltens und der potenziellen Möglichkeiten eines *Thetans* sowie das Lehrbuch für die Philadelphia-Doktoratskurs-Vorträge und die Vorträge über Die Faktoren: Bewunderung und die Renaissance von Beingness. Wie L. Ron Hubbard sagte, dient der Titel des Buches dazu, dem Individuum einen Weg einzuprägen, wie es sich selbst, seine Fähigkeiten, Ethik und seine Ziele rehabilitieren kann – das Erreichen von *Unendlichkeit* (8) durch die Reduzierung der scheinbaren *Unendlichkeit* (8) des MEST-Universums auf *Null* (0) und die Vergrößerung der scheinbaren *Null* (0) des eigenen Universums bis zur *Unendlichkeit* (8). Das Buch enthält mehr als 80.000 Stunden Untersuchungen mit einer Zusammenfassung und Erläuterung jeder bis dahin erreichten Erkenntnis – und die vollständige Bedeutung dieser Entdeckungen bildet die neue Aussicht auf *Operating Thetan.*

DIE PHILADELPHIA-DOKTORATSKURS-VORTRÄGE • Diese berühmte Serie bildet das größte eigenständige Werk über Aufbau, Verhalten und potenzielle Möglichkeiten der menschlichen Seele, das je zusammengestellt wurde. Diese Vorträge liefern die Grundlagen, die dem Weg zu Operating Thetan zugrunde liegen. Sie behandeln detailliert die Beziehung des Thetans zur *Erschaffung, Erhaltung* und *Zerstörung von Universen.* Genau diese Ausdrücke beinhalten den *Aufbau* von Materie, Energie, Raum und Zeit und wie man Universen ins Dasein *postuliert.* Hier findet man auch den Abfall des Thetans von Gesamtzeitspur-Fähigkeiten und die *universellen Gesetze,* durch die sie wiederhergestellt werden. Kurz gesagt, wird hier Hubbards Systematisierung der höheren Ebenen der Theta-Beingness und seines Verhaltens dargestellt. Vortrag für Vortrag wird jeder Begriff des Kurslehrbuchs Scientology 8-8008 näher ausgeführt, wobei der volle Umfang des *Sie* im Urzustand vorgestellt wird. *76 Vorträge samt beiliegenden Reproduktionen der ursprünglichen 54 handgezeichneten LRH-Vortragsschaubilder.*

DIE FAKTOREN: BEWUNDERUNG UND DIE RENAISSANCE VON BEINGNESS • Nachdem die *potenziellen* Möglichkeiten eines Thetans wieder vollständig hergestellt worden waren, richtete Hubbard seinen Blick nach draußen, was in seiner monumentalen Entdeckung eines *universalen Lösungsmittels* resultierte und den grundlegenden Regeln des Theta-*Universums* – Regeln, die praktisch buchstäblich allem übergeordnet sind – *Die Faktoren: Zusammenfassung der Betrachtungen über den menschlichen Geist und das materielle Universum.* Diese Erkenntnisse waren so dramatisch, dass Hubbard das Buch Scientology 8-8008 erweiterte und sowohl vorherige Entdeckungen klarstellte als auch ein Kapitel nach dem anderen hinzufügte. Diese stellen, wenn sie zusammen mit diesen Vorträgen studiert werden, eine weiterführende Stufe zum Doktoratskurs dar. Dies sind also Vorträge mit dem Wissen über *universale Wahrheit,* die das Rätsel der Schöpfung selbst lösen. *18 Vorträge.*

Das Schaffen Menschlicher Fähigkeiten – *Ein Handbuch für Scientologen* • Direkt im Anschluss an L. Ron Hubbards Entdeckungen von Operating Thetan folgte ein Jahr intensiver Forschung, in dem er das Reich eines *Thetans exterior* erforschte. Mit Hilfe von Auditing und Instruktion, wozu 450 Vorträge in dieser gleichen zwölfmonatigen Zeitspanne zählten, systematisierte L. Ron Hubbard das gesamte Fachgebiet der Scientology. Und es ist alles in diesem Handbuch enthalten, von einer *Zusammenfassung der Scientology* bis zu ihren grundlegenden *Axiomen* und *Kodizes*. Darüber hinaus ist hier das *Intensiv-Verfahren* beschrieben, das die bekannten Exteriorisationsprozesse *Route 1* und *Route 2* enthält – Prozesse, die sich direkt aus den Axiomen ableiten. Jeder einzelne Prozess wird im Detail beschrieben – *wie* er verwendet wird, *warum* er funktioniert, die axiomatische Technologie, die seiner Verwendung zugrunde liegt, und die vollständige Erklärung dessen, wie ein Wesen die *falschen Übereinstimmungen* und *selbst erschaffenen Barrieren* zerbrechen kann, die es zum Sklaven des physikalischen Universums machen. Kurz gesagt, enthält dieses Buch die endgültige Zusammenfassung der OT-Fähigkeiten eines Thetans exterior und wie man sie mit Beständigkeit erreichen kann.

Die Phoenix-Vorträge: Befreiung der Menschlichen Seele • Hier ist der umfassende Überblick über die Scientology insgesamt. Nachdem Hubbard das Fachgebiet der Scientology in Das Schaffen Menschlicher Fähigkeiten systematisiert hatte, hielt er eine Reihe halbstündiger Vorträge, um eigens ein vollständiges Studium des Buches zu begleiten. Von den *wesentlichen Grundlagen*, die der Technologie zugrunde liegen – *Die Axiome, Zustände des Daseins* und *Betrachtungen und mechanische Dinge* bis zu den Prozessen des *Intensiv-Verfahrens*, was zwölf Vorträge mit einschließt, die einer nach dem anderen die Thetan-exterior-Prozesse von *Route 1* beschreiben – alles wird vollständig behandelt und vermittelt ein begriffliches Verstehen von der *Wissenschaft des Wissens* und *OT-Fähigkeiten im Urzustand*. Hier finden sich die grundlegenden Prinzipien, auf denen alles in der Scientology aufbaut, einschließlich der allumfassenden Aussage der Religion und ihres Erbes – *Scientology, ihr allgemeiner Hintergrund*. Daher ist dies die entscheidende Vortragsreihe über Scientology selbst und die axiomatische Grundlage für alle zukünftige Forschung. *42 Vorträge.*

Dianetik 55! – *Das Vollständige Handbuch über Menschliche Kommunikation* • Mit allen bisherigen Errungenschaften war ein einziger Faktor isoliert worden, der für den Erfolg bei jeder Art von Auditing ausschlaggebend ist. LRH drückte es folgendermaßen aus: „Kommunikation ist heutzutage in der Dianetik und Scientology so außerordentlich wichtig (wie sie es auf der Gesamtzeitspur immer gewesen ist), dass man sagen könnte, wenn Sie einen Preclear in Kommunikation bringen würden, dann würden Sie ihn gesund machen." Und dieses Buch beschreibt den *genauen*, aber früher unbekannten Aufbau von *perfekter* sowie Formeln für *perfekte* Kommunikation. Die Magie des Kommunikationszyklus ist *die* Grundlage des Auditings und der Hauptgrund, weshalb Auditing funktioniert. Die hier erzielten Errungenschaften eröffneten neue Perspektiven zur Anwendung – Entdeckungen von solcher Tragweite, dass L. Ron Hubbard Dianetik 55! das *Zweite Buch* der Dianetik nannte.

Der Vereinigungskongress: Kommunikation! Freiheit & Fähigkeit • Der historische Kongress, auf dem mit der Veröffentlichung von *Dianetik 55!* die Wiedervereinigung der Fachgebiete Dianetik und Scientology bekannt gegeben wurde. Bisher hatte jedes Fachgebiet in seinem eigenen Bereich gewirkt: Die Dianetik richtete sich an den Menschen *als Menschen* – die ersten vier Dynamiken –, während die Scientology sich an das *Leben selbst* richtete – die Dynamiken fünf bis acht. Die Formel, die als die Grundlage für jede zukünftige Entwicklung diente, war in einem einzigen Wort enthalten: *Kommunikation*. Dies war eine Errungenschaft von großer Tragweite. Hubbard bezeichnete sie später als „die großartige Entdeckung der Dianetik und Scientology". Hier sind die Vorträge, so wie es sich ereignete. *16 Vorträge mit beiliegenden Reproduktionen der ursprünglichen handgezeichneten LRH-Vortragsschaubilder.*

SCIENTOLOGY: DIE GRUNDLAGEN DES DENKENS – *DAS GRUNDLEGENDE BUCH ÜBER DIE THEORIE UND PRAXIS DER SCIENTOLOGY FÜR ANFÄNGER* • Wurde von Hubbard als das *Buch Eins der Scientology* bezeichnet. Nachdem er die Fachgebiete Dianetik und Scientology vollständig vereinigt und systematisiert hatte, folgte die Verfeinerung ihrer *Grundlagen.* Das Buch war ursprünglich als Resümee der Scientology zur Verwendung bei Übersetzungen in nicht-englische Sprachen veröffentlicht worden. Dieses Buch ist von unschätzbarem Wert für den beginnenden wie auch für den fortgeschrittenen Studenten, der den Verstand, die Seele und das Leben studiert. Man kann, nur mit diesem Buch ausgerüstet, eine Praxis eröffnen und praktisch an Wunder grenzende Veränderungen des Wohlergehens von Leuten, ihrer Fähigkeit und Intelligenz bewirken. Im Buch enthalten sind die *Zustände des Daseins, Acht Dynamiken,* das *ARK-Dreieck,* die *Teile des Menschen,* die vollständige Analyse von *Leben als ein Spiel* und mehr, einschließlich exakter Prozesse, damit jeder die Prinzipien im Prozessing anwenden kann. Hier ist also, in einem einzigen Buch, der Ansatzpunkt, um Scientology den Leuten überall zu bringen.

DIE HUBBARD PROFESSIONELLEN-KURS-VORTRÄGE • Während Die Grundlagen des Denkens eine Einführung ins Fachgebiet für Anfänger darstellt, wird auch eine Zusammenfassung von Grundlagen für jeden Scientologen vermittelt. Hier sind die gründlichen Beschreibungen jener Grundlagen enthalten; jeder Vortrag hat halbstündige Länge und vermittelt, einer nach dem anderen, eine vollständige Beherrschung einer eigenständigen Entdeckung in der Scientology - *Axiome 1-10; der Aufbau von Kontrolle; die Handhabung von Problemen; Starten, Verändern und Stoppen; Verwirrung und stabile Daten; Exteriorisation; Valenzen* und mehr - das *Warum* dahinter, *wie* sie ins Dasein kamen, und ihre mechanischen Aspekte. Und alles wird zusammen mit dem *Kodex eines Scientologen* dargestellt, Punkt für Punkt, sowie seiner Verwendung bei der eigentlichen Erschaffung einer neuen Zivilisation. Kurz gesagt, hier sind die LRH-Vorträge, die einen *Professionellen Scientologen* hervorbringen - einen, der das Gebiet auf alle Aspekte des Lebens anwenden kann. *21 Vorträge.*

ZUSÄTZLICHE BÜCHER MIT WESENTLICHEN KONZEPTIONEN DER SCIENTOLOGY

ARBEIT

DIE PROBLEME DER ARBEIT – ***SCIENTOLOGY AUF DEN BEREICH DES ALLTAGS ANGEWANDT*** • *(Das vorliegende Buch.)* Nachdem L. Ron Hubbard das gesamte Gebiet der Scientology systematisiert hatte, machte er sich sofort daran, das *Anfänger*handbuch verfügbar zu machen, damit jeder sie anwenden konnte. Er beschrieb dies folgendermaßen: Das Leben besteht zu sieben Zehnteln aus Arbeit, zu einem Zehntel aus Familie, zu einem Zehntel aus Politik und zu einem Zehntel aus Entspannung. Hier wird die Anwendung der Scientology auf diese sieben Zehntel des Daseins beschrieben, einschließlich der Lösungen für *Erschöpfung* und des *Geheimnisses der Leistungsfähigkeit.* Hier befindet sich auch die Analyse des Lebens selbst – eines Spiels mit exakten Regeln. Wenn Sie sie kennen, werden Sie Erfolg haben. Die Probleme der Arbeit enthält die Technologie, ohne die niemand leben kann, und sie kann direkt angewandt werden, sowohl von Scientologen als auch von denjenigen, für die das Fachgebiet neu ist.

LEBENSPRINZIPIEN

SCIENTOLOGY: EINE NEUE SICHT DES LEBENS • Scientology Grundlagen für jeden Aspekt des Lebens. Grundwahrheiten, die Ihnen die Verantwortung für Ihr Leben geben, Wahrheiten, auf die man immer wieder zurückgreifen kann: *Ist es möglich, glücklich zu sein?, Zwei Regeln für ein glückliches Leben, Persönliche Integrität, Die antisoziale Persönlichkeit* und vieles mehr. Sie werden in jedem Teil dieses Buches Scientology Grundlagen finden, die Zustände in Ihrem Leben beschreiben und *exakte* Methoden verfügbar machen, um sie zu ändern. Scientology: Eine Neue Sicht des Lebens enthält grundlegendes Wissen für jeden Scientologen und eine perfekte Einführung für jeden, dem das Fachgebiet neu ist.

AXIOME, KODIZES UND SKALEN

SCIENTOLOGY 0-8: DAS BUCH DER GRUNDLAGEN • Der Begleitband zu *allen* Büchern, Vorträgen und Materialien L. Ron Hubbards. Dies ist *das* Buch der Grundlagen. Es enthält unentbehrliche Daten, auf die Sie sich ständig beziehen werden: die *Axiome der Dianetik und Scientology; Die Faktoren;* eine vollständige Zusammenstellung aller *Skalen* – insgesamt über 100; Auflistungen der *Wahrnehmungseindrücke* und *Bewusstseinsstufen;* alle *Kodizes* und *Glaubensbekenntnisse* und vieles mehr. In diesem einen Band sind die übergeordneten Gesetze des Daseins zusammengefasst, die über 15.000 Seiten an Schriften, 3.000 Vorträgen und Dutzenden von Büchern entnommen sind.

SCIENTOLOGY ETHIK: TECHNOLOGIE ÜBER OPTIMALES ÜBERLEBEN

EINFÜHRUNG IN DIE ETHIK DER SCIENTOLOGY • Eine neue Hoffnung für den Menschen entsteht mit der ersten brauchbaren Technologie der Ethik - einer Technologie, um einer Person zu helfen, sich selbst von der Talfahrt des Lebens zu einer höheren Ebene des Überlebens hinaufzuziehen. Dieses Buch ist das umfassende Handbuch, das die entscheidenden Grundlagen zur Verfügung stellt: *Die Grundlagen der Ethik und des Rechts; Ehrlichkeit; Zustände des Daseins; Zustandsformeln* von Verwirrung bis Macht; die *Grundlagen der Unterdrückung* und wie man sie in den Griff bekommt, genauso wie die *Rechtsverfahren* und ihre Verwendung in Scientology Kirchen. Hier findet man also die Technologie, um alle Hürden zu nehmen, sowohl im Leben als auch auf Ihrer persönlichen Reise die Brücke hinauf zu völliger Freiheit.

REINIGUNG

REINER KÖRPER, KLARES DENKEN - *DAS WIRKSAME REINIGUNGSPROGRAMM* • Wir leben in einer biochemischen Welt. Dazu ist dieses Buch die Lösung. Als L. Ron Hubbard die schädlichen Auswirkungen untersuchte, die eine frühere Drogeneinnahme auf die Fälle von Preclears hatte, machte er die bedeutende Entdeckung, dass viele Straßendrogen, vor allem LSD, lange nach ihrer Einnahme im Körper einer Person verblieben. Rückstände der Droge konnten ernste und dauerhafte Folgen haben, bemerkte er, u. a. zur Auslösung von weiteren „Trips" führen. Weitere Forschung enthüllte, dass eine erhebliche Bandbreite von Substanzen - Arzneimittel, Alkohol, Schadstoffe, Haushaltschemikalien und sogar Konservierungsstoffe in der Nahrung - ebenfalls im Körpergewebe eingelagert werden können. Mit Hilfe von Forschungen an Tausenden von Fällen entwickelte L. Ron Hubbard das *Reinigungsprogramm*, um die zerstörerischen Auswirkungen von Drogen zu beseitigen. Reiner Körper, Klares Denken führt im Detail jeden Aspekt des durch und durch natürlichen Verfahrens auf, der einen von den schädlichen Auswirkungen von Drogen und anderen Giftstoffen befreien kann und den Weg zu spirituellem Fortschritt öffnet.

NACHSCHLAGEWERKE

WAS IST SCIENTOLOGY?

Das vollständige und grundlegende enzyklopädische Nachschlagewerk über das Fachgebiet und die Ausübung der Scientology. Dieses Buch ist anwendungsorientiert und enthält die sachdienlichen Daten zu jedem Aspekt des Fachgebietes:

- L. Ron Hubbards Leben und sein Entdeckungspfad
- Das spirituelle Erbe der Religion
- Eine vollständige Beschreibung der Dianetik und Scientology

- Auditing – was es ist und wie es funktioniert
- Kurse – was sie enthalten und wie sie strukturiert sind
- Die Gradkarte der Dienste und wie man zu höheren Zuständen aufsteigt
- Das Ethik- und Rechtssystem der Scientology
- Die Organisationsstruktur der Kirche
- Eine vollständige Beschreibung der vielen gesellschaftlichen Verbesserungsprogramme, die von der Kirche unterstützt werden, einschließlich Drogenrehabilitierung, Reform des Strafvollzugs, Lese- und Schreibfertigkeit und Bildung und die Übermittlung von echten moralischen Werten

Dieses Buch ist über 1.000 Seiten lang, enthält mehr als 500 Fotos, Illustrationen und Glaubensbekenntnisse, Kodizes, eine vollständige Liste aller Bücher und Materialien sowie einen Katechismus mit Antworten auf praktisch jede Frage über das Fachgebiet.

Sie stellen eine Frage und dieses Buch beantwortet sie.

DAS SCIENTOLOGY HANDBUCH

Die Grundlagen der Scientology für den täglichen Gebrauch in jedem Lebensbereich. Es behandelt 19 verschiedene Bereiche der Technologie und ist damit das umfassendste Handbuch über die Grundlagen des Lebens, das je veröffentlicht wurde. Jedes Kapitel enthält Schlüsselprinzipien und die Technologie für Ihre ständige Verwendung:

- Studiertechnologie
- Die Dynamiken des Daseins
- Die Bestandteile von Verstehen – Affinität, Realität und Kommunikation

- Die Tonskala
- Kommunikation und ihre Formeln
- Beistände für Krankheiten und Verletzungen
- Wie man Konflikte löst
- Integrität und Ehrlichkeit
- Ethik und die Zustandsformeln
- Lösungen für Unterdrückung und eine gefährliche Umgebung
- Die Ehe
- Kinder
- Werkzeuge für den Arbeitsplatz

Mehr als 700 Fotos, Illustrationen und Schaubilder machen es Ihnen leicht, die Verfahren zu erlernen und sie sofort anzuwenden. Dieses Buch ist wirklich das unentbehrliche Handbuch für jeden Scientologen.

Die Technologie, um eine bessere Welt zu bauen.

Über L. Ron Hubbard

Um das Leben wirklich zu kennen, muss man Teil des Lebens sein", sagte L. Ron Hubbard. „Man muss sich heranmachen und schauen; man muss in die Ritzen und Spalten des Daseins vordringen und man muss alle Arten und Typen von Menschen kennen gelernt haben, bevor man schließlich bestimmen kann, was der Mensch ist."

Während seiner langen und außergewöhnlichen Reise der Gründung der Dianetik und Scientology hat L. Ron Hubbard genau das getan. Von seiner abenteuerlichen Jugend in einem rauen und turbulenten amerikanischen Westen bis hin zu seiner weiten Reise durch das damals noch geheimnisvolle Asien; von seiner zwei Jahrzehnte währenden Suche nach dem Wesen des Lebens hin zum Triumph der Dianetik und Scientology – das sind die Geschichten, die in den biografischen Veröffentlichungen L. Ron Hubbards gefunden werden.

L. Ron Hubbard: Bilder eines Lebens präsentiert einen fotografischen Überblick über L. Ron Hubbards große Reise. Diese Bilder wurden Hubbards eigener archivarischer Sammlung entnommen und vermitteln so sein Leben, wie er selbst es gesehen hat.

Die vielen Aspekte dieses reichen und vielseitigen Lebens werden dagegen in der Ron-Serie behandelt. Jede Ausgabe konzentriert sich auf ein spezifisches Metier L. Ron Hubbards: *Auditor, Menschenfreund, Philosoph, Künstler, Dichter, Musiker, Fotograf* und viele mehr; es gehören auch seine veröffentlichten Artikel über *Freiheit* und seine persönlichen *Briefe und Tagebücher* dazu. Hier stellt sich das Leben eines Menschen dar, der im Zeitraum eines einzigen Lebens mindestens zwanzig Leben geführt hat.

Für weitere Informationen besuchen Sie

www.lronhubbard.org

Guide zu den Materialien

Sie sind Teil eines Abenteuers! Hier ist die Wegekarte.

- Alle Bücher
- Alle Vorträge
- Alle Nachschlagewerke

Alles in chronologischer Reihenfolge dargestellt mit jeweils vollständigen Beschreibungen.

Ihre Reise zu einem vollständigen Verstehen der Dianetik und Scientology ist das größte Abenteuer überhaupt. Aber Sie brauchen eine Karte, die Ihnen zeigt, wo Sie stehen und wohin Sie gehen.

Diese Karte ist die Materialien-Guide-Karte. Sie zeigt alle Bücher und Vorträge von L. Ron Hubbard mit einer vollständigen Beschreibung ihres Inhalts und Themas, sodass Sie genau das finden können, wonach *Sie* suchen und was *Sie* brauchen.

Da jedes Buch und jeder Vortrag in chronologischer Reihenfolge ausgelegt ist, können Sie sehen, *wie* die Fachgebiete Dianetik und Scientology entwickelt wurden. Was das bedeutet, ist Folgendes: Allein beim Studieren dieser Karte können Sie sich auf eine Erkenntnis nach der anderen gefasst machen!

Die Neuausgaben jedes Buches beinhalten umfassende Glossare mit Definitionen für jeden technischen Ausdruck. Und als Ergebnis eines umfangreichen Übersetzungsprogramms werden Hunderte von Vorträgen L. Ron Hubbards auf CD erhältlich gemacht, samt Abschriften, Glossaren, Vortragsschaubildern, Diagrammen und Ausgaben, auf die er sich in den Vorträgen bezieht. Als Ergebnis erhalten Sie *sämtliche* Informationen, können mit Leichtigkeit lernen und ein vollständiges *begriffliches* Verstehen davon erlangen.

All das führt zu einem neuen Goldenen Zeitalter des Wissens, von dem jeder Dianetiker und Scientologe geträumt hat.

Um Ihre KOSTENLOSE Materialien-Guide-Karte mit Katalog zu bekommen oder L. Ron Hubbards Bücher und Vorträge zu bestellen, kontaktieren Sie:

WESTLICHE HEMISPHÄRE:
Bridge Publications, Inc.
4751 Fountain Avenue
Los Angeles, CA 90029 USA
www.bridgepub.com
Telefon: 001-800-722-1733
Fax: 001-323-953-3328

ÖSTLICHE HEMISPHÄRE:
New Era Publications International ApS
Store Kongensgade 53
1264 Kopenhagen K, Dänemark
www.newerapublications.com
Telefon: (0045) 33 73 66 66
Fax: (0045) 33 73 66 33

Bücher und Vorträge sind auch direkt bei Scientology Kirchen erhältlich.
*Siehe **Adressen.***

Adressen

Scientology ist heute die am schnellsten wachsende Religion auf der Erde. Es gibt Kirchen und Missionen in Städten auf der ganzen Welt und ständig bilden sich neue.

Um weitere Informationen zu erhalten oder die nächstgelegene Kirche zu finden, besuchen Sie die folgende Scientology Website:

www.scientology.org

E-Mail: info@scientology.org

Sie können auch an jede der kontinentalen Organisationen schreiben, die auf der folgenden Seite aufgeführt sind; diese können Sie auf eine der Tausenden von Kirchen und Missionen auf der ganzen Welt verweisen.

Die Bücher und Vorträge von L. Ron Hubbard können Sie bei jeder dieser Adressen oder direkt bei den Verlagsorganisationen beziehen, die auf der vorhergehenden Seite angegeben sind.

KONTINENTALE KIRCHEN-ORGANISATIONEN:

VEREINIGTE STAATEN VON AMERIKA

CHURCH OF SCIENTOLOGY
CONTINENTAL LIAISON OFFICE
WESTERN UNITED STATES
1308 L. Ron Hubbard Way
Los Angeles, California 90027 USA
info@wus.scientology.org

CHURCH OF SCIENTOLOGY
CONTINENTAL LIAISON OFFICE
EASTERN UNITED STATES
349 W. 48th Street
New York, New York 10036 USA
info@eus.scientology.org

KANADA

CHURCH OF SCIENTOLOGY
CONTINENTAL LIAISON OFFICE
CANADA
696 Yonge Street, 2nd Floor
Toronto, Ontario,
Canada M4Y 2A7
info@scientology.ca

LATEINAMERIKA

CHURCH OF SCIENTOLOGY
CONTINENTAL LIAISON OFFICE
LATIN AMERICA
Federacion Mexicana de Dianetica
Calle Puebla #31
Colonia Roma, Mexico D.F.
C.P. 06700, Mexico
info@scientology.org.mx

GROSSBRITANNIEN

CHURCH OF SCIENTOLOGY
CONTINENTAL LIAISON OFFICE
UNITED KINGDOM
Saint Hill Manor
East Grinstead, West Sussex
England, RH19 4JY
info@scientology.org.uk

AFRIKA

CHURCH OF SCIENTOLOGY
CONTINENTAL LIAISON OFFICE AFRICA
6th Floor, Budget House
130 Main Street
Johannesburg 2001, South Africa
info@scientology.org.za

EUROPA

CHURCH OF SCIENTOLOGY
CONTINENTAL LIAISON OFFICE EUROPE
Store Kongensgade 55
1264 Kopenhagen K, Dänemark
info@scientology.org.dk

Church of Scientology
Liaison Office of Commonwealth of Independent States
Management Center of Dianetics and Scientology Dissemination
Pervomajskaya Street, House 1A
Korpus Grazhdanskoy Oboroni
Losino-Petrovsky Town
141150, Moscow, Russia
info@scientology.ru

Church of Scientology
Liaison Office of Central Europe
1082 Leonardo da Vinci u. 8-14
Budapest, Hungary
info@scientology.hu

Church of Scientology
Liaison Office of Iberia
C/Miguel Menendez Boneta, 18
28460 - Los Molinos
Madrid, Spain
info@spain.scientology.org

Church of Scientology
Liaison Office of Italy
Via Cadorna, 61
20090 Vimodrone
Milano, Italy
info@scientology.it

AUSTRALIEN, NEUSEELAND UND OZEANIEN

CHURCH OF SCIENTOLOGY
CONTINENTAL LIAISON OFFICE ANZO
16 Dorahy Street
Dundas, New South Wales 2117
Australia
info@scientology.org.au

Church of Scientology
Liaison Office of Taiwan
1st, No. 231, Cisian 2nd Road
Kaohsiung City, Taiwan, ROC
info@scientology.org.tw

Werden Sie ein Mitglied
der International Association of Scientologists

Die International Association of Scientologists ist die Mitgliedschaftsorganisation aller Scientologen, die in der wichtigsten Aktion auf der Erde vereinigt sind.

Eine beitragsfreie sechsmonatige Einführungsmitgliedschaft wird jedem zuteil, der vorher keine Mitgliedschaft bei der Association hatte.

Als Mitglied haben Sie das Anrecht auf Vergünstigungen für Scientology Materialien, die nur IAS-Mitgliedern angeboten werden. Sie erhalten auch das Magazin der Association, *IMPACT,* das sechs Mal im Jahr herausgegeben wird und voll mit Neuigkeiten über die Scientology aus der ganzen Welt ist.

Der Zweck der IAS ist:

„Die Scientology Religion und Scientologen in allen Teilen der Welt zu vereinigen, zu fördern, zu unterstützen und zu schützen, damit die Ziele der Scientology, wie L. Ron Hubbard sie aufgestellt hat, erreicht werden.“

Schließen Sie sich der stärksten Bewegung für positive Veränderung an, die es heute auf dem Planeten gibt, die das Leben von Millionen von Menschen für eine höhere Wahrheit geöffnet hat, die in der Scientology enthalten ist.

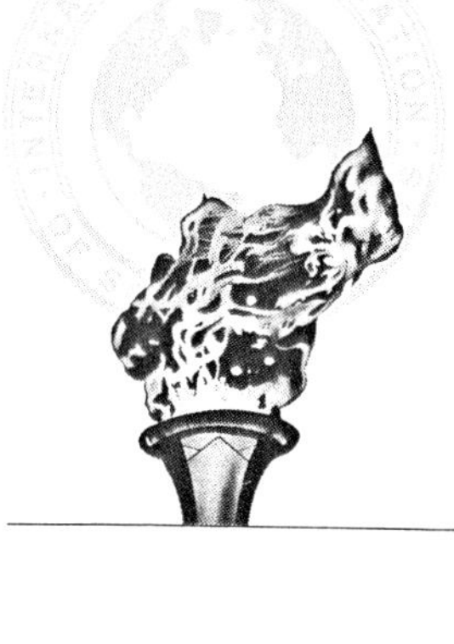

Treten Sie der International Association of Scientologists bei.

Um sich für eine Mitgliedschaft
zu bewerben, schreiben Sie an die
International Association of Scientologists
c/o Saint Hill Manor, East Grinstead
West Sussex, England, RH19 4JY

www.iasmembership.org

Herausgeber-Glossar

von Wörtern, Fachausdrücken und Wendungen

Wörter besitzen oft mehrere Bedeutungen. Die hier benutzten Definitionen geben nur die Bedeutungen an, die das Wort gemäß seiner Verwendung in diesem Buch hat. Dianetik Ausdrücke erscheinen in Fettschrift. Neben jeder Definition werden Sie die Seite finden, auf der das Wort zum ersten Mal erscheint, sodass Sie sich, wenn Sie wünschen, auf den Text beziehen können.

Dieses Glossar ist nicht zur Verwendung an Stelle eines regulären Wörterbuches gedacht oder eines Wörterbuches der Dianetik und Scientology. Diese Wörterbücher sollte man bei jedem Wort, Fachausdruck oder jeder Wendung benutzen, die nicht im Folgenden aufgeführt sind.

- Die Herausgeber

Aberration: ein Abweichen vom vernünftigen Denken oder Verhalten; geistig nicht gesund. Aus dem Lateinischen, *aberrare,* fortwandern; von lat. *ab,* fort, und *errare,* wandern. Im Wesentlichen bedeutet es, sich zu irren, Fehler zu machen oder genauer gesagt, fixe Ideen zu haben, die nicht wahr sind. Die gesamte Ursache von Aberration ist in der Entdeckung des vorher unbekannten *reaktiven Verstandes* enthalten. Sein gesamter Aufbau und die Auslöschung seiner schädlichen Auswirkungen (durch die Aberration verursacht wird) sind in dem Buch *Dianetik: Der Leitfaden für den menschlichen Verstand* enthalten. Seite 70.

aberriert: von *Aberration* betroffen. Aberriertes Verhalten wäre falsches Verhalten oder nicht durch Vernunft gestütztes Verhalten. Aberration ist eine Abweichung vom vernünftigen Denken oder Verhalten; geistig nicht gesund. *Siehe auch* **Aberration.** Seite 70.

Abfallhaufen: ein Ort, an dem Abfall oder Müll abgeladen wird. Seite 104.

abfinden: sich still und klaglos fügen; etwas annehmen, weil man es nicht vermeiden oder verhindern kann. Seite 73.

abgehalten: zurückgehalten, daran gehindert, etwas zu tun. Seite 74.

abglitt, in die verkehrte Richtung: wegging vom angemessenen, geplanten oder erwarteten Verlauf. Seite 6.

abnehmen: kleiner oder weniger werden; was die Menge betrifft, (allmählich) reduzieren oder nachlassen. *Siehe auch* **allmählicher Energieabfall durch fortgesetzte Beanspruchung.** Seite 97.

abrackern: sehr hart arbeiten, um etwas zu erreichen; sich überarbeiten. Seite 6.

Abstammung: direkte Herkunft von einem Vorfahren; Ahnenreihe. Seite 5.

Agitator: jemand, der Leute zur Unterstützung einer gesellschaftlichen oder politischen Sache aufzuwiegeln versucht, oft in unvorteilhaftem Sinne verwendet. Seite 76.

alle möglichen: alle Arten von. Seite 8.

Allgemeine Wehrpflicht: ein System, nach dem von allen Bürgern eines Landes, die die Voraussetzungen dafür erfüllen, verlangt wird, bei den Streitkräften eine bestimmte Zeit als Militärpersonal zu dienen. Seite 104.

allmählicher Energieabfall durch fortgesetzte Beanspruchung: Bezieht sich auf Energie, die sich allmählich verringert, wie zum Beispiel, wenn eine Batterie in *Kontakt* mit einem elektrischen Gerät ist und durch fortgesetzte Verwendung geleert wird. Seite 106.

Alltag: zu einem Arbeitstag oder seinen Beschäftigungen gehörend oder charakteristisch dafür; durch eine regelmäßige Folge oder Runde von Aufgaben und Arbeiten gekennzeichnet; zum normalen täglichen Leben gehörend. Seite 8.

Alltagstrott: etwas, das routinemäßig, langweilig und ermüdend ist, wie zum Beispiel Arbeit. Seite 20.

Altertum: Periode der kultivierten Völker, Länder oder Kulturen alter Zeiten. Seite 48.

analytischer Verstand: Der analytische Verstand ist der Teil des Verstandes, der rational, bewusst und wach ist, der denkt, Daten beobachtet, sich daran erinnert und Probleme löst. Im Wesentlichen wäre es der bewusste Verstand im Gegensatz zum unbewussten Verstand. In der Dianetik und Scientology ist der analytische Verstand der Verstand, der wach und bewusst ist, und der reaktive Verstand reagiert einfach ohne Analyse. Seite 74.

anerkannt: geglaubt, geistig angenommen. Seite 6.

angenehm: akzeptabel oder annehmbar für den Verstand oder Gefühle. Seite 117.

angeregt: erregt, hervorgerufen (eine Leidenschaft oder ein Gefühl), entfacht. Seite 72.

angesiedelt: an einem Ort oder in einer Position fixiert, eingebettet oder gefangen werden; zur Ruhe gekommen. Seite 74.

angloamerikanisch: sowohl auf England als auch auf Amerika bezogen. Seite 104.

ansammeln: anhäufen oder aufhäufen, oft in schrittweisem Grade. Seite 74.

ansteckend: sich von einem Menschen auf den anderen verbreitend oder dazu neigend, mit einer Krankheit verglichen, die durch direkten oder indirekten Körperkontakt übertragen wird. Seite 60.

Antipathie: ein Gefühl des Widerwillens gegenüber etwas, normalerweise zusammen mit einem starken Wunsch, es zu vermeiden oder sich davon abzuwenden. Seite 97.

Apathie: ein vollständiger Mangel an Emotionen oder Interesse für Dinge im Allgemeinen; eine Unfähigkeit, emotional zu reagieren. Jemand in Apathie hat keine Energie. Seite 20.

Arbeit: produktive Tätigkeit, vor allem zwecks wirtschaftlichem Gewinn. Seite 4.

Arbeiten, das: Verrichten von körperlicher oder geistiger Tätigkeit. Seite 36.

Arbeiterschaft: die Arbeiter, vor allem Handwerker in einem Unternehmen, die als Gruppe betrachtet werden. Seite 45.

Asien: der größte Kontinent, auf der östlichen Erdhalbkugel, begrenzt durch das Nordpolarmeer, den Pazifischen und Indischen Ozean und von Europa durch den Ural getrennt. Dazu gehören, neben den Ländern auf dem Festland, Japan, die Philippinen, Taiwan, Malaysia und Indonesien. Seite 14.

Aspirant: jemand, der hofft, etwas zu erreichen, oder danach strebt, etwas zu erreichen, wie zum Beispiel jemand, der eine Laufbahn, einen Fortschritt usw. heftig herbeiwünscht. Seite 22.

auditiert: *Prozessing* erhalten haben, eine Aktion, die aus einer genauen Reihe von Techniken oder Übungen besteht, die von einem Praktizierenden der Scientology angewandt werden, um jemandem zu helfen, mehr über sich selbst und sein Leben zu erfahren und seinen Zustand zu verbessern. Seite 89.

Aufbau: Struktur oder Anordnung der Teile von etwas. Seite 21.

auf der Skala nach oben: höher hinauf auf der Tonskala. Seite 94.

auferlegt: als Verpflichtung angenommen oder haben, im Sinne davon, etwas Schwieriges oder Schmerzhaftes aushalten müssen. Seite 8.

aufgehalst: beladen oder belastet mit. Seite 105.

aufgerüttelt: auf jemanden durch oder wie durch einen körperlichen Stoß, Ruck oder Schock eingewirkt haben. Seite 47.

aufheben: die Wirksamkeit oder den Wert von etwas nehmen. Seite 28.

auf Nägeln sitzen: Bezieht sich auf die Praxis in einigen östlichen religiösen Orden, auf einem Brett mit Nägeln zu sitzen oder zu liegen, in dem Glauben, dass durch das Erleiden von Schmerzen oder Unbequemlichkeit spirituelle Vorteile erreicht werden. Seite 14.

Aufrührer: Leute, die durch Gefühlsbetontheit Hass, Gewalt oder sonstige heftige Gefühle bei einer Gruppe oder Menge aufwühlen, besonders aus politischen Gründen. Seite 20.

Aufstieg: Erhöhung von Vermögen oder Rang, insbesondere von jemandes Stellung oder Position, mit gleichzeitigem Ansteigen des Lohnes; Voranschreiten in Richtung auf einen gedeihenden oder wohlhabenden Zustand. Seite 6.

aus dem Gleichgewicht: unruhig oder besorgt gemacht; unsicher oder instabil gemacht. Seite 62.

ausgeharrt: länger als üblich oder erwartet an einem Ort geblieben, wie aufgrund eines Widerwillens wegzugehen. Seite 6.

ausgestoßen: zum Hinausgehen oder Weggehen gezwungen; hinausgeworfen. Seite 34.

auslaufen: den negativen Einfluss von etwas loswerden oder erschöpfen. Seite 113.

Auslöschung: die Aktion, etwas loszuwerden, das man nicht will; eine vollständige Entfernung von etwas. Seite 76.

Ausmaß: Größe in Bezug auf Form, Ausdehnung, Einfluss, Bedeutung, Qualität usw. Seite 26.

Auswirkungen: Ergebnisse oder Folgen von etwas. Seite 113.

auszusetzen haben, etwas: kritisieren; seine Unzufriedenheit ausdrücken. Seite 35.

Automatisierung: die Technik, die Methode oder das System, Ausrüstung und Maschinen durch hochgradig automatische Mittel zu bedienen oder zu kontrollieren, wie zum Beispiel durch elektronische Vorrichtungen, wodurch Eingriffe von Menschen auf ein Mindestmaß verringert werden. Seite 35.

Axiome: Aussagen über Naturgesetze in der gleichen Art wie die der Naturwissenschaften. Seite v.

bearbeiten: Rohmaterialien für den Markt, die Herstellung oder sonstigen Gebrauch vorbereiten, indem man sie bei einer Reihe von Schritten behandelt, durch die sie verändert werden. Seite 54.

Bedenken: störende oder unbehagliche Gefühle. Seite 77.

Bedeutung: sachbezogene Beziehung oder sachbezogener Zusammenhang. Seite 7.

Bedrohung: drohende Gefahr, Schaden, Verletzung usw. Seite 20.

bedrückt: aus Mangel an Hoffnung oder Zuversicht in schlechter Stimmung. Seite 86.

beeinträchtigt: gestoppt, verlangsamt, behindert oder angehalten (in Größe oder Entwicklung). Seite 104.

Befehlskette: eine Reihe von Führungspositionen oder Beauftragten und Untergebenen mit abgestufter Autorität, besonders im Hinblick auf die Weitergabe von Anordnungen, Verantwortung, Berichten oder Anfragen von höheren zu niedrigeren oder von niedrigeren zu höheren Positionen. Seite 60.

Befehlsstufen: eine grafische Darstellung der Stellen oder Positionen in einer Organisation, mit der höchsten Position in Bezug auf Autorität und Verantwortung oben und der niedrigsten unten. Seite 55.

begründen: die Grundlage für etwas legen oder etwas unterstützen, wie etwa eine Schlussfolgerung, mittels Beweisen oder Argumentation. Seite 20.

Beingness: Der Zustand des Seins ist als das Ergebnis davon definiert, eine Identität angenommen zu haben. Zum Beispiel der eigene Name, der eigene Beruf, die eigenen körperlichen Merkmale. Jedes oder alle könnten die eigene Beingness genannt werden. Eine Beingness wird von einem selbst angenommen, wird einem gegeben oder erreicht. Seite 91.

beobachten: sehen oder bemerken. Seite 7.

Bereich: ein Gebiet oder Feld von Aktivität, Denken, Studium oder Interesse. Seite 22.

berüchtigt: für irgendeine schlechte Qualität oder Tat gut bekannt. Seite 104.

Berufswerkzeuge: die Dinge, die man braucht, um seine Arbeit zu verrichten. Seite 72.

beschmiert: mit etwas bedeckt, das beschmutzt oder befleckt. Seite 6.

beschwerlich: **1.** schwierig; anstrengend, mit großer Anstrengung oder Mühe. Seite 35.
2. charakteristisch für eine starke Anforderung; schwer auszuhalten und belastend; hart. Seite 57.

besteht aus: zusammengesetzt, gebildet oder zusammengestellt aus. Seite 48.

Bestimmung: Wahlfreiheit oder Entscheidung. Seite 58.

Bestrebung: zielgerichtete oder geschäftige Aktivität. Seite 14.

beträchtlich: groß in Bezug auf Menge, Ausdehnung oder Ausmaß. Seite 52.

Betriebe: Handels- oder Herstellungsfirmen oder -institutionen. Seite 19.

beurteilen: jemanden oder etwas bewerten, darüber urteilen oder ihn abschätzen. Seite 60.

bewirkt: hervorgebracht, erreicht oder herbeigeführt. Seite 46.

Bildfläche erscheinen, auf der: unvermittelt auftreten, sich zeigen. Seite 28.

Bildungsabschluss: Bezieht sich hier auf einen akademischen Grad, der einem Studenten von einem College oder einer Universität verliehen wird, wenn er einen Studiengang abgeschlossen hat. Seite 6.

bloßgelegt: dem Anblick zugänglich; enthüllt. Seite 122.

Boxen: ein Bereich neben der Rennstrecke, um Rennwagen oder Motorräder während eines Rennens zu warten. Seite 74.

Chaos: ein Zustand äußerster Verwirrung oder Unordnung, ein völliger Mangel an Organisation oder Ordnung. Auch: formlose Materie, wie sie existiert haben mag, bevor Ordnung in das physikalische Universum gebracht wurde. Seite 7.

Charme: ein Vermögen, Freude zu bereiten oder ansprechend zu sein, wie z. B. durch Persönlichkeit oder Schönheit. Seite 5.

Chefsekretärin: eine Sekretärin mit unabhängigen Verwaltungsverantwortlichkeiten, die eine Führungskraft in einer Firma unterstützt. Zu derartigen Verantwortlichkeiten gehört das Führen offizieller Aufzeichnungen des Unternehmens, die Planung von Tagungen usw. Seite 6.

chronisch: lange anhaltend oder lange fortdauernd oder sich in einem andauernden Zustand befindend. Seite 92.

Creatingness: der Zustand oder die Tätigkeit, etwas ins Dasein zu bringen. Seite 37.

Datum: eine einzelne Information, wie zum Beispiel eine Tatsache; etwas Bekanntes oder Angenommenes. Seite 22.

Dauerhaftigkeit: Freiheit von unvorhersagbarer Veränderung; Stabilität. Seite 10.

despotisch: Bezieht sich auf eine Herrschaft mit absoluter oder unbeschränkter Macht, besonders wenn sie auf ungerechte, grausame oder harte Art ausgeübt wird. Seite 10.

Dickens: Charles Dickens (1812-1870), beliebter englischer Schriftsteller, der über die Gesellschaft des neunzehnten Jahrhunderts schrieb und in dessen Geschichten oft verschrobene Figuren beschrieben werden. *Siehe auch* **„warten, dass sich etwas ergibt“.** Seite 21.

doch: (wird verwendet, um einen Vergleich zu betonen) zusätzlich, sogar mehr, dennoch. Seite 6.

dramatisieren: etwas nachahmen, ausdrücken oder darstellen, wie ein Schauspieler in einem Drama oder Theaterstück seinen Rollentext darstellt. Seite 40.

durch Agitation bewegen: Gefühle, Interessen und Unterstützung durch Reden und Schriften über etwas, wie eine gute Sache, wecken. Seite 45.

durchmanövrieren: sich seinen Weg durch etwas kämpfen, das als bedrohlich oder gefährlich angesehen wird. Seite 20.

Dynastien: eine Reihe oder Aufeinanderfolge von Herrschern aus derselben Familie oder in derselben Linie. Seite 10.

Ebene: eine Stufe von Existenz oder Gedanken. Seite 109.

Eigenschaften: Qualitäten, Merkmale oder Charakteristiken von jemandem. Seite 26.

Eignung: eine natürliche Fähigkeit für etwas, zum Beispiel fürs Lernen; Kompetenz; Intelligenz. Seite 5.

Eingebung: eine Anregung oder ein belebender äußerer Einfluss auf den Verstand (und auf die Gefühle), was jemanden (in kreativer Weise) dazu bringt, auf eine bestimmte Art zu denken, Maßnahmen zu ergreifen usw. Hier humorvoll verwendet. Seite 28.

eingepasst: angepasst, passend gemacht; mit den Erfordernissen. Seite 72.

Einzelheit: eine einzelne Tatsache oder Sache. Seite 24.

einziehen: schnell nach unten oder zurückziehen, besonders um etwas zu vermeiden, wie etwa das schnelle Zurückziehen des Kopfes in einem Kampf, um einem Schlag des Gegners zu entgehen. Im übertragenen Sinne verwendet. Seite 20.

eleganter Klub: ein Lokal, das erlesene Abendmahlzeiten serviert und manchmal Unterhaltung anbietet. Seite 6.

enger werdende Abwärtsspirale: Je schlechter es jemandem geht, desto leichter kann es ihm noch schlechter gehen. *Spirale* bezieht sich hier auf eine fortschreitende Abwärtsbewegung, die einen sich unaufhörlich verschlechternden Zustand anzeigt, den man sich in Form einer Spirale vorstellt. Der Begriff kommt aus der Fliegerei, in der er verwendet wird, um die Erscheinung zu beschreiben, dass ein Flugzeug in immer kleiner werdenden Kreisen absinkt und sich in Spiralen bewegt, wie zum Beispiel bei einem Unfall oder bei einem geschickten Flugkunststück, was zu einem Verlust der Kontrolle und einem Absturz führen kann, wenn man es nicht in den Griff bekommt. Seite 73.

entbehrlich: ersetzbar oder so, dass man ohne es auskommt. Seite 123.

Entbehrungen: das Fehlen der grundlegenden Notwendigkeiten oder Behaglichkeiten des Lebens. Auch der Zustand, der sich aus einem solchen Fehlen ergibt. Seite 68.

entgegengeschleudert: in jemandes Richtung geworfen, besonders mit großer Gewalt oder Kraft. Im übertragenen Sinne verwendet. Seite 25.

entgegenwirken: das Auftreten oder die Durchführung von etwas blockieren oder anhalten. Seite 61.

entlassen: weggeschickt oder mit gekündigter Arbeitsstelle; gefeuert. Seite 12.

entmutigend: es beraubt jemanden seiner Begeisterung, seines Mutes oder der Entschlusskraft oder zerstört sie. Seite 10.

Erschütterung: eine Zeit mit heftigem gesellschaftlichem oder politischem Druck, Belastung und Verwirrung; gewalttätiger Aufruhr. Seite 10.

ersetzen: die Stelle von etwas einnehmen (manchmal mit Gewalt). Seite 10.

erst recht: in extremem oder intensivem Maße. Seite 112.

ertragen: 1. etwas mit Geduld hinnehmen; überstehen oder tolerieren. Seite 10.

2. aushalten oder erdulden. Seite 20.

exakte Wissenschaften: Wissenschaften (wie die Mathematik oder Physik), in denen Tatsachen exakt beobachtet werden können und Ergebnisse genau vorhersagbar sind. Seite v.

Fabrik: ein Gebäude oder eine Gruppe von Gebäuden zur Herstellung eines Produkts. Auch die Ausrüstung, inklusive Maschinen, Werkzeuge, Instrumente und Ausstattung, und die Gebäude, die sie enthalten, die für einen industriellen oder Herstellungsbetrieb notwendig sind. Seite 21.

Faktor: ein Umstand, eine Tatsache oder ein Einfluss, die zu einem Zustand, einer Situation oder einem Ergebnis beitragen. Seite 5.

falsche Bezeichnung: ein falscher Name; eine inkorrekte Bezeichnung oder ein inkorrekter Ausdruck. Seite 47.

Fassade: ein Erscheinungsbild, normalerweise angenommen oder vorgegeben, im Hinblick auf gesellschaftliche Stellung, Wohlstand usw. Seite 6.

Fernkurs: ein Ausbildungskurs, bei dem die Lehrorganisation, Schule oder Institution Studenten Lektionen und Prüfungen per Post schickt, normalerweise nach Hause. Die Studenten schicken die fertige Arbeit auf demselben Weg zur Beurteilung zurück. Seite 8.

fest geführt: stark in Übereinstimmung mit einem Verfahren gehalten; (jemanden) davon abgehalten, von einer Verhaltens- oder Handlungsnorm abzuweichen. Seite 88.

feststellen: mit Sicherheit herausfinden oder erfahren, besonders durch Überprüfung oder Ermittlung. Seite 11.

Firmenangelegenheiten: Dinge, die einen Betrieb, ein Unternehmen oder eine Organisation betreffen. Vom lateinischen *firmus*, was sicher bedeutet, entstand die Bedeutung des Wortes als durch Unterschrift bestätigen und später Handelshaus. Seite 5.

Fleiß: energischer Eifer und Einsatz für eine Aufgabe oder Arbeit. Seite 5.

Flut: unkontrolliertes Ausströmen, mit einem reißenden, schnell fließenden Strom verglichen. Seite 8.

Folge haben, zur: ein Zustand, der von jemandem oder etwas, die vergangen sind, hinterlassen wurde; als Konsequenz auftretend. Seite 26.

Front: die vorderste Linie oder der vorderste Teil von Streitkräften; die vorderste Position, die eine Armee erreicht hat. Seite 105.

fruchtete, nichts: zu nichts führte; unwirksam blieb. Seite 7.

Fügungen: zufällige Vorteile oder Ergebnisse einer Handlung; sich ereignende Zufälle. Seite 121.

geboren: ins Dasein gebracht; erschaffen. Seite 5.

gebremst: verlangsamt oder angehalten, als würde eine Bremse auf ein Rad einwirken. Seite 6.

geduldet: Genehmigung gegeben oder ausgedrückt; erlaubt oder toleriert. Seite 46.

gefesselt: fest gehalten oder befestigt. Seite 109.

geflissentlich: mit beträchtlicher Aufmerksamkeit; absichtlich. Seite 122.

Gegenwart: jetzt; die laufende Zeit oder der Augenblick. Seite 78.

Gegen-Zielsetzungen: widersprechende oder gegensätzliche Zielsetzungen, Absichten oder Ziele. Seite 41.

Gegner: Gegenspieler oder Feinde von jemandem oder etwas. Seite 68.

Geist: Intelligenz, logisches Denkvermögen. Seite 7.

geisteskrank: geistig verwirrt; verrückt. Seite 11.

geistiges Eindrucksbild:ein Bild, das im reaktiven Verstand gespeichert wird und, bis ins letzte exakte Detail, eine vollständige Aufzeichnung von jeder Wahrnehmung darstellt, die in einem Augenblick von Schmerz und teilweiser oder vollständiger Bewusstlosigkeit stattfand. Diese geistigen Eindrucksbilder haben ihre eigene Kraft und sind in der Lage, dem Körper Anweisungen zu erteilen. Seite 75.

Geleise: Lebensmuster oder -stile, die uninteressant und ermüdend wurden, aber schwer zu ändern sind. Seite 10.

gemeinsamer Nenner: etwas, das eine Anzahl von Menschen, Dingen, Situationen usw., gemeinsam hat oder ein Merkmal von ihnen ist; Merkmal, das geteilt wird. Seite 26.

geringe: kaum ausreichend in der Menge; mengenmäßig unzureichend. Seite 6.

geschickt: sehr gewandt; fachmännisch. Seite 8.

Gesetze gegen Kinderarbeit: Bezieht sich auf Gesetze, die Anfang der 30er Jahre des 19. Jahrhunderts verabschiedet wurden und durch die die Beschäftigung von Kindern und jungen Teenagern eingeschränkt wurde, bis sie ein bestimmtes Alter erreicht haben. Seite 34.

Gesetzgebung: ein vorgeschlagenes oder erlassenes Gesetz oder eine Gruppe von Gesetzen. Seite 104.

gestelzt: sich steif fortbewegt. Seite 28.

Gewerkschaft(en): eine Organisation für Lohnempfänger, die dafür eingerichtet ist, die Interessen ihrer Mitglieder hinsichtlich Löhne, Sozialleistungen, Arbeitszeiten und Arbeitsbedingungen zu vertreten und zu fördern. Seite 33.

gleichgesetzt: eines mit dem anderen im Verstand in Verbindung gebracht oder verknüpft, sodass sie als ein und dasselbe betrachtet oder angesehen werden, obwohl sie in Wirklichkeit nicht identisch sind. Es wurde entdeckt, dass diese Art von unvernünftigem Denken die Methode ist, wie der reaktive Verstand arbeitet; alles wird mit allem gleichgesetzt, das heißt, alles ist gleich alles ist gleich alles. Siehe das Buch *Dianetik: Der Leitfaden für den menschlichen Verstand.* Seite 75.

Gradient: eine allmähliche Steigerung oder Abnahme; ein bisschen mehr, ein klein bisschen mehr hinzugefügt, bis es einen ganzen Bereich von einer kleinen Menge bis zu einer großen Menge gibt, oder etwas von einer großen Menge gradientenweise, allmählich, Schritt für Schritt, zu einem kleinen bisschen von etwas hinuntergeht. Seite 85.

Gunst bemühen, sich um: *Sich um Gunst bemühen* ist eine niedrige Emotion unterhalb von Wut und nahe an Apathie. *Sich um Gunst bemühen* bedeutet zu versuchen, jemanden zu erfreuen oder zufriedenzustellen, mit dem Ziel, sein Wohlwollen zu erreichen, um sich selbst gegen Missfallen, Angriff usw. zu verteidigen oder zu schützen. Seite 88.

günstige Zufälle: Chancen, Gelegenheiten; Glück, Vorteile. Seite 10.

gute Straßen und schönes Wetter: kennzeichnet Dinge, Aktivitäten oder Themen, bei denen jedermann dafür ist. Seite 87.

Halt: ein wirkungsvoller Griff oder eine Position, bei der man Kraft anwendet, um einen schweren Gegenstand zu bewegen oder zu heben oder um zu verhindern, dass ein Gegenstand verrutscht. Daher ein fester Griff oder Festhalten an etwas. Seite 37.

Händen, mit zwei linken: ohne körperliche Koordination, Geschicklichkeit oder Anmut; ungeschickt oder unbeholfen, als hätte man zwei linke Hände. Seite 6.

Handwerkszeug: die Dinge, die man braucht, um seine Arbeit zu verrichten. Seite 46.

harte Worte: (in Bezug auf Reden) etwas, das grob und beleidigend ist oder grob (und unfair) kritisiert. Seite 107.

hektisch: durch intensive Aktivität, Verwirrung oder Eile gekennzeichnet. Seite 107.

herumspielen: ziellos mit etwas spielen (mit Hilfe der Finger). Seite 25.

Hinterland: der Teil eines Militärbereichs, der am weitesten entfernt ist von der Front, an der gekämpft wird. Seite 106.

hineininterpretiert: zusätzliche versteckte oder unbeabsichtigte Bedeutungen in etwas Geschriebenem oder Gesprochenem gefunden. Seite 70.

Hitler: Adolf Hitler (1889-1945), ein deutscher politischer Führer des zwanzigsten Jahrhunderts, der davon träumte, eine Herrenrasse zu schaffen, die tausend Jahre lang als drittes Deutsches Reich regieren würde. Nachdem er 1933 als Diktator gewaltsam die Herrschaft über Deutschland übernommen hatte, begann er den Zweiten Weltkrieg (1939-1945). Dabei brachte er einen Großteil Europas unter seine Herrschaft und ermordete Millionen von Juden, andere, die als „unwert" betrachtet wurden, und sogar sein eigenes Volk. Er beging 1945 Selbstmord, als die Niederlage Deutschlands bevorstand. Seite 114.

Homer auf den Lotos-Inseln: Bezieht sich auf eine Geschichte aus dem epischen Gedicht *Odyssee*, geschrieben von dem griechischen Dichter Homer (etwa neuntes Jahrhundert v. Chr.). Während einer zehnjährigen Reise auf dem Heimweg von einem Krieg werden der Held Odysseus und seine Männer von einem Sturm an Land getrieben und landen auf der Insel der Lotos-Esser (Eingeborenen, die sich von der Frucht der legendären Lotospflanze ernähren – in der griechischen Mythologie so dargestellt, dass sie eine Frucht liefert, durch die bei denjenigen, die sie essen, seliges Vergessen und träumerische Zufriedenheit herbeigeführt werden). Nachdem sie von der Pflanze gegessen hat, verliert die untätige und träge Mannschaft jeden Wunsch, in ihr Geburtsland zurückzukehren, und muss zu ihrem Schiff zurückgeschleppt und an ihre Ruderbänke gebunden werden. Seite 36.

Hymnen des Wedas: die frühesten gelehrten Schriften auf der Erde, über die wir irgendwelche Aufzeichnungen haben. Sie sind die älteste heilige Literatur der Hindus und umfassen über hundert noch existierende Bücher. Sie handeln von Entwicklung, wie der Mensch in dieses Universum kam, und von der Kurve des Lebens, bestehend aus Geburt, Wachstum, Degeneration und Verfall. Seite 48.

Ideologie: die Lehrsätze, Meinungen oder Denkweisen eines Einzelnen, einer Klasse usw., genauer gesagt, die Gesamtheit an Vorstellungen, auf denen ein bestimmtes politisches, wirtschaftliches oder gesellschaftliches System beruht. Seite 20.

Illusion(en): eine Wahrnehmung, die das darstellt, was abweichend davon wahrgenommen wird, wie es in der Realität ist. Seite 5.

im Spaß: scherzhaft, humorvoll. Seite 96.

im Wesentlichen: zum größten Teil; vorwiegend. Seite 46.

Individualität: die Summe der Merkmale oder Qualitäten, durch die jemand von anderen verschieden ist; individueller Charakter. Seite 68.

Industrie: wirtschaftliche Unternehmung, die mit der Verarbeitung von Rohstoffen und der Herstellung von Waren in Fabriken zu tun hat. Seite 92.

Industrieller: jemand, der eine besonders umfangreiche Industrie besitzt oder mit ihrer Leitung befasst ist. Seite 20.

Industriezeitalter: die Zeitspanne in der britischen Geschichte von Mitte des achtzehnten Jahrhunderts bis Mitte des neunzehnten Jahrhunderts, die durch gesellschaftliche und wirtschaftliche Veränderungen charakterisiert ist, durch die der Übergang von einer stabilen Bauerngesellschaft zu einer modernen Industriegesellschaft gekennzeichnet ist, die sich auf komplizierte Maschinen und umfangreiche Industrieproduktion verlässt, anstatt auf Handwerkzeuge und zu Hause durchgeführte Herstellung. Im erweiterten Sinne jede derartige Zeitspanne in der Geschichte eines Landes. Seite 11.

in gewissem Maße: in bestimmtem Ausmaß; bis zu einem gewissen Grad; irgendwie. Seite 97.

Intrige: ein geheimer Plan, wie zum Beispiel gegen einen Menschen oder eine Regierung, besonders, um wirtschaftliche oder politische Macht zu gewinnen. Seite 8.

in unerschütterlicher Treue: standhaft loyal oder treu. Seite 28.

in Unordnung gebracht: die Ordnung oder Anordnung von etwas gestört; den normalen Zustand oder die normale Funktion von etwas umgestoßen. Seite 19.

Jugendkriminalität: antisoziales oder illegales Verhalten von jungen Leuten. Seite 104.

Kapital: Reichtum in beliebiger Form, den man verwendet oder verwenden kann, um weiteren Reichtum hervorzubringen. Seite 10.

keinen Anteil an (ihm) hat: *Anteil* bedeutet Teil, Abschnitt, Stück oder Segment eines Ganzen. Also bedeutet die Wendung *keinen Anteil an ihm hat* nichts mit ihm zu tun hat, keine Rolle spielt, ihn nicht betrifft. Seite 105.

klammern: ergreifen mit oder wie mit Händen. Daher, stark nach etwas greifen oder an etwas festhalten, wie zum Beispiel im Hinblick auf einen Glauben, eine Idee oder ein Konzept usw. Seite 27.

Knowingness: der Zustand oder die Eigenschaft zu wissen; selbstbestimmtes Wissen. Die englische Nachsilbe *-ness* drückt in Bildungen mit Substantiven einen Zustand oder eine Eigenschaft aus. Seite 50.

Kohle: umgangssprachlicher Begriff für Geld. Seite 7.

Kommunikationslinie(n): der Weg, auf dem eine Kommunikation (ein Partikel, eine Mitteilung usw.) von einem zum anderen geht. Seite 46.

Kompass: Im wörtlichen Sinne eine Vorrichtung, um Richtungen zu finden, normalerweise mit einer magnetisierten Nadel, die automatisch nach Norden weist. Daher im übertragenen Sinne etwas, das einem hilft, das richtige Vorgehen zu finden. Seite 11.

Kran: eine große Maschine, die verwendet wird, um schwere Gegenstände mit Hilfe eines an Kabeln befestigten Hakens zu heben und zu bewegen. Der Haken hängt gewöhnlich von einem stützenden, beweglichen herausragenden Teil herab. Seite 36.

Kricket: ein Spiel mit Schläger und Ball, das in einigen Ländern beliebt ist, unter anderem in England, Indien und Australien. Es wird von zwei Teams aus je elf Spielern durchgeführt, die gegeneinander spielen und dabei versuchen, Punkte für Läufe zu erzielen, bei denen sie mit einem flachen Holzschläger einen kleinen Lederball schlagen und zwischen zwei Sätzen von kleinen Holzpfosten laufen. Seite 68.

kurzsichtig: **1.** nicht fähig, über seine unmittelbare Umgebung, seine unmittelbaren Zustände, Situationen usw. hinaus zu sehen. Seite 70. **2.** nicht fähig, weit zu sehen. Seite 110.

Leben: das gesamte Dasein, das über die alltägliche Lebensführung hinausgeht; das Prinzip oder der Zustand bewussten spirituellen Daseins; belebende Kraft oder Einfluss, die Ursache dafür, dass man lebt, welche die Quelle der Lebensenergie ist, des Glücklichseins usw.; eine spirituelle Form ewigen Daseins, die über den körperlichen Tod hinausgeht. Seite 1.

Lebensfreude: große Begeisterung und Energie. Seite 34.

Lehrsatz: etwas, das als wahr gelehrt oder festgelegt wurde und ein bestimmtes Fachgebiet oder einen Wissensbereich betrifft. Seite 22.

Livingness: Qualität oder Zustand des Lebens. Seite 12.

Lohn: Belohnung oder Vorteil als Gegenleistung dafür, dass man etwas tut. Seite 11.

lohnend: mehr Geld bringend, profitabel. Seite 36.

Los: jemandes Schicksal im Leben. Seite 8.

lösen: losmachen, loslassen. Seite 21.

Lotos-Inseln: ein sagenhaftes Land, das in dem Gedicht *Odyssee* von Homer, dem griechischen Dichter des neunten Jahrhunderts v. CHR., beschrieben wird. *Siehe auch* **Homer auf den Lotos-Inseln.** Seite 36.

mächtig: einflussreich; stark; gewaltig. Seite 21.

manifestieren: sich offen zeigen; offensichtlich oder klar werden. Seite 92.

Marx: Karl Marx (1818-1883), deutscher politischer Philosoph, dessen Werke die Basis für den Kommunismus des zwanzigsten Jahrhunderts bildeten. Marx betrachtete die Gesellschaft als einen Konflikt zwischen Kapitalisten (Fabrikbesitzern) und Arbeitern. Marx und seine kommunistischen Gefährten beschuldigten die Kapitalisten miserabler Arbeitsbedingungen, wie zum Beispiel schlechte Bezahlung der Arbeiter, lange Arbeitszeiten unter ungesunden und gefährlichen Bedingungen und missbräuchliche Kinderarbeit. Seite 104.

Maschinenzeitalter: eine Ende des achtzehnten Jahrhunderts beginnende Epoche, die für den weit verbreiteten Einsatz mechanischer Vorrichtungen bekannt ist, welche die menschliche Arbeitskraft und zu Hause hergestellte Waren ersetzte. Seite 39.

maßgebliches Interesse: besonderes Interesse an einer Sache aus bestimmten persönlichen Gründen. Seite 114.

maßgebliche Stellen: diejenigen, die die Macht haben; die Autoritäten. Seite 35.

Maßnahmen: Verfahren; Vorgehensweisen und Pläne (um eine bestimmte Zielsetzung zu erreichen); auch Gesetze oder vorgeschlagene Gesetze. Seite 45.

Maxime: eine Formulierung einer allgemeinen Regel oder Wahrheit. Seite 63.

Meinung nach, seiner: wie einen die eigenen Meinungen, Informationen oder Normen lenken mögen. Seite 59.

Mensch: **1.** das Menschengeschlecht oder die menschliche Spezies; Menschentum; Menschheit. Seite 1.
2. ein menschliches Wesen, unabhängig von Geschlecht oder Alter; eine Person. Seite 6.

Menschenfresser: Leute, die grimmig und grausam erscheinen; nach einem Märchen, gemäß dem ein riesiges Monster menschliche Wesen frisst. Seite 116.

merklich: beträchtlich, in bedeutendem Maße. Seite 115.

missbraucht: falsch oder unpassend verwendet. Seite 104.

Missemotion: *Miss-* bedeutet schlecht, elend. *Missemotion* ist jede unangenehme Emotion wie Antagonismus, Wut, Furcht, Gram, Apathie oder ein Gefühl des Todes. Seite 85.

misshandelt: durch falsche Behandlung verletzt oder beschädigt. Seite 103.

missmutig: Eigenschaft oder Zustand, launisch, traurig oder bedrückt zu sein, oder ein Auftreten davon: still unglücklich. Seite 87.

MIT: Massachusetts Institute of Technology, eine technische und wissenschaftliche Institution für höhere Bildung und Forschung, die sich in Cambridge, Massachusetts, USA, befindet. Seite 94.

mit Bedacht: nach sorgfältiger oder gründlicher Überlegung; mit Absicht. Seite 67.

mit zwei linken Händen: ohne körperliche Koordination, Geschicklichkeit oder Anmut; ungeschickt oder unbeholfen, als hätte man zwei linke Hände. Seite 6.

nachlassen: unter das normale oder wünschenswerte Niveau fallen oder sinken, und zwar in Bezug auf körperliche oder geistige Qualitäten; sich verschlechtern. Seite 77.

Nägeln, sitzen auf: Bezieht sich auf Praktiken einiger östlicher religiöser Orden, auf einem Brett voller Nägel zu sitzen oder zu liegen, und zwar in dem Glauben, dass durch das Erleiden von Schmerzen oder Unannehmlichkeiten geistiger Fortschritt erlangt werden kann. Seite 14.

Napoleon: Napoleon Bonaparte (1769–1821), französischer Militärführer. Er gelangte in Frankreich durch Waffengewalt an die Macht, erklärte sich selbst zum Kaiser und unternahm Eroberungsfeldzüge durch ganz Europa bis zu seiner endgültigen Niederlage durch die gegen ihn verbündeten Armeen im Jahre 1815. Eine halbe Million Menschen starben in den Napoleonischen Kriegen von 1799 bis 1815. Seite 58.

Narkose: völliger oder teilweiser Verlust des Empfindens, besonders des Berührungsempfindens; wird durch ein Narkosemittel herbeigeführt. Ein Narkosemittel ist eine Substanz, die zum Verlust des Empfindens mit oder ohne Verlust des Bewusstseins führt. Seite 113.

nationalistisch: bezogen auf *Nationalismus* oder jemanden, der *Nationalismus* unterstützt, nämlich die Richtlinie oder der Grundsatz, die Interessen der eigenen Nation als getrennt von den Belangen anderer Nationen oder den gemeinsamen Interessen aller Nationen zu betrachten. *Nationalismus* ist oft mit der Überzeugung verbunden, dass *ein* Land allen anderen Ländern überlegen ist. Seite 57.

nichts mehr zu tun haben wollen mit: sich weigern, weitere Verbindung zu haben mit; jede weitere Verantwortung bestreiten für. Seite 86.

nötige Mittel: was man zu einem bestimmten Zweck braucht, besonders in finanzieller Hinsicht. Seite 10.

notorisch: weithin bekannt und gewöhnlich unerfreulich. Seite 35.

-ologien: Zweige des Lernens. Die Nachsilbe *-ologie* wird an das Ende eines Wortes gehängt und bedeutet: „Studium von" oder „Wissen", gewöhnlich in Bezug auf irgendeine Wissenschaft oder einen Wissenszweig; beispielsweise Biologie (Studium lebendiger Organismen) oder Geologie (Studium der physikalischen Geschichte der Erde). Im Text bezieht es sich auf die Freud'sche Psych*ologie* und die Theorie, dass die Schwierigkeiten des Menschen weitgehend durch unterdrückte oder verborgene sexuelle Wünsche, heftige Gefühle aus der Kindheit oder Anziehung durch den Elternteil des entgegengesetzten Geschlechts, Feindschaft mit dem Elternteil des gleichen Geschlechts usw. verursacht und motiviert sind. Seite 11.

Ordnung der Dinge: ein organisiertes Gesamtsystem, in dem alles seinen Platz hat. Seite 39.

Osteuropa: der Teil Europas, zu dem Gebiete und Länder vom Ostteil Deutschlands bis zum Westteil Russlands gehören. Seite 14.

Overt-Handlungen: schädliche Handlungen gegen einen anderen oder andere (wie zum Beispiel unfaire Gesetze, Steuern usw., die sich auf ein Unternehmen auswirken). Seite 115.

Parade: eine Folge, Abfolge oder Reihe (von Dingen); von der üblichen Bedeutung, ein langer öffentlicher Umzug, normalerweise mit Marschkapelle und häufig festlichem Charakter, veranstaltet zu Ehren eines Jahrestages, einer Person, eines Ereignisses usw. Seite 7.

Partikel: (kleine) Stückchen von etwas; Teilchen, Portionen oder Teile eines Ganzen. Seite 22.

Pension: eine Geldsumme, die regelmäßig als Unterstützung im Ruhestand für frühere Dienste bei einem Arbeitgeber gezahlt wird. Seite 19.

Pferderennen (gewinnen beim): organisierte Wettbewerbe auf einer planmäßigen Strecke, wie zum Beispiel Pferde- oder Hunderennen, bei denen Leute Geld auf einen möglichen Sieger setzen, in der Hoffnung, zu Geld zu kommen. Seite 21.

Phänomen: Tatsache oder Ereignis, die/das beobachtbar ist. Seite 113.

Philosophie: eine Reihe von Meinungen, Ideen oder Prinzipien; eine grundlegende Theorie; eine Ansicht oder Auffassung, wie zum Beispiel diejenige, die einem bestimmten Bereich zuzuordnen ist, wie bei politischer Philosophie. Seite 21.

Plage: harte und andauernde Arbeit; erschöpfende Mühen oder Anstrengung. Seite 8.

politisch: Bezogen auf oder sich beschäftigend mit den Verantwortlichkeiten und Pflichten der Regierung, einer Körperschaft von Leuten oder Individuen, welche die inneren und äußeren Angelegenheiten eines Staates, einer Nation usw. lenken. Seite 20.

Polizeistaat: ein Land, in dem die Regierung Polizei einsetzt - besonders Geheimpolizei, um strikte Kontrolle über das wirtschaftliche und gesellschaftliche Leben der Menschen auszuüben - und das ihre Freiheiten, sich zu treffen und über Politik zu schreiben oder zu reden, gewaltig einschränkt. Seite 58.

Posten: eine Position, Arbeit oder Pflicht, die einer Person zugewiesen oder für die sie ernannt wurde. Seite 6.

Praktizierender: jemand, der einen Beruf, eine Beschäftigung usw. ausführt. Seite 75.

Präsident, ein großer: Bezieht sich auf Franklin Delano Roosevelt (1882-1945), zweiunddreißigster Präsident der Vereinigten Staaten (1933-1945). Seite 39.

Prinzipien: grundlegende Wahrheiten, Gesetze oder motivierende Kräfte, auf denen andere aufgebaut sind. Seite 14.

Prozentsatz: ein Teil oder Anteil in Beziehung zu einem Ganzen. Seite 34.

Prozess: eine systematische und technisch exakte Reihe von Schritten, Aktionen oder Änderungen, um ein bestimmtes und eindeutiges Ergebnis zu erzielen. In der Scientology, eine präzise Reihe von Techniken oder Übungen, die von einem Ausübenden angewandt werden, um jemandem zu helfen, mehr über sich selbst und sein Leben herauszufinden und seinen Zustand zu verbessern. Seite 97.

Rädchen: **1.** Mit *Rädchen* ist hier ein kleines Zahnrad gemeint, ein Rad, das Zähne aus Hartholz oder Metall hat, die sich zwischen die Zähne eines anderen Zahnrades schieben, sodass diese ineinandergreifen. Wenn sich das eine Zahnrad dreht, wird das andere mitgedreht und so die Bewegung übertragen, um die Maschine anzutreiben. Im übertragenen Sinne verwendet. Seite 8.
2. Siehe Definition 1 oben. Der Begriff *Rädchen* kann abwertend verwendet werden, um einen einzelnen Arbeiter (ein Rädchen) auf die

Art zu beschreiben, dass er im Rahmen einer größeren, gleichgültigen „Maschine" kleine automatische Handlungen ausführt. Diese Sicht des arbeitenden Menschen als nichts anderem als einem „Arbeiter", der von größeren Kräften kontrolliert wird, wurde von Karl Marx Ende des 19. Jahrhunderts unters Volk gebracht. Marx sah den Arbeiter nicht als einen schöpferischen, lebendigen Einzelnen, sondern lediglich als Teil einer Masse oder Klasse aus ähnlichen „Arbeitern", die mühsam ihre Aufgaben durchführten. *Siehe auch* **Marx.** Seite 123.

Rahmen: der Bereich, der durch ein Fachgebiet oder ein Thema abgedeckt wird. Seite 61.

Ratten, Studium von: Bezieht sich auf die Praxis von Psychologen und Psychiatern, die das Verhalten von Ratten in Käfigen studieren und hoffen, ihre Beobachtungen auf Menschen anwenden zu können. Seite 14.

reaktiver Verstand: Der reaktive Verstand ist ein Reizreaktionsmechanismus. Er ist robust gebaut und unter herausfordernden Umständen funktionsfähig. Der reaktive Verstand hört *nie* auf zu funktionieren. Bilder von sehr niedriger Qualität werden von diesem Verstand von der Umgebung gemacht, sogar in einigen Zuständen von Bewusstlosigkeit. Der reaktive Verstand ist *unterhalb* der Stufe des Bewusstseins wirksam. Seite 74.

recht und schlecht erledigen: ziellos oder mit sehr wenig Einsatz handeln oder weitermachen. Seite 34.

reduziert: vermindert, verkleinert. Seite 10.

reinste: vollständig; ohne Einschränkung. Seite 123.

restimuliert: reaktiviert; wieder stimuliert. *Re-* bedeutet wieder und *stimulieren* bedeutet in Aktion oder Aktivität bringen. Seite 74.

roh: brutal, grausam. Seite 10.

Rohstoffe: unbearbeitete natürliche Produkte, die in der Herstellung oder Produktion verwendet werden. Seite 45.

Rolle: Position oder Stellung, besonders was den Grad der Wichtigkeit betrifft; relative Position des Verdienstes in irgendeinem Zusammenhang. Seite 6.

rote Revolution: eine blutige, gewaltsame und radikale Revolution wie die Kommunistische Revolution, die 1917 in Russland stattfand, als die existierende Regierung gewaltsam übernommen und durch eine Kommunistische Regierung ersetzt wurde, die von Vladimir Lenin (1870-1924) geführt wurde. Das Wort *rot* spielt nicht nur auf Gewalt an, sondern verweist auch auf eine politisch radikale oder revolutionäre

Form, besonders eine kommunistische, weil ihre Regime üblicherweise mit Blutvergießen verbunden sind. Seite 10.

ruiniert: finanziell zugrunde gerichtet. Seite 36.

Runde: ein vollständiger Umlauf auf einer Rennbahn, wie zum Beispiel mit einem Auto oder auf einem Pferd. Seite 74.

Sanitäter: jemand, der in Erster Hilfe ausgebildet ist, Krankenpfleger. Seite 91.

Schaltkreis: in der Elektrizität ein vollständiger Weg, der von einem elektrischen Strom zurückgelegt wird und bei dem bestimmte Handlungen durchgeführt werden. In der Scientology wird der Begriff verwendet, um etwas im Verstand zu beschreiben, das wie ein Schaltkreis arbeitet und dabei verschiedene Funktionen ausführt, besonders, unabhängig vom eigenen Willen des Betreffenden. Seite 92.

Schicksal: eine angenommene Kraft, von der man denkt, dass sie den Menschen Gutes oder Schlechtes bringt; Zufall, von dem man denkt, dass er die Tätigkeiten des Menschen beeinflusst. Seite 7.

Schlagwort: ein Wort, eine Wendung oder Vorstellung, in denen die richtungweisenden Prinzipien oder Handlungsregeln einer Person, Gruppe oder Zeitspanne ausgedrückt werden. Seite 33.

schlechtgehen: in einem schlechten oder armseligen Zustand oder Umstand sein. Seite 93.

schleudern: werfen, besonders mit großer Gewalt oder Kraft. Im übertragenen Sinne verwendet. Seite 8.

schockieren: sehr stark gegen bestimmte Normen, wie etwas gemacht werden muss, verstoßen; wütend machen oder empören. Seite 7.

Schocks: plötzliche und heftige körperliche Schläge oder Einwirkungen; Zusammenstöße; plötzliche Störungen oder Erschütterungen des Verstandes oder der Emotionen, wie durch einen großen Verlust oder eine Überraschung. Seite 106.

schüchtern: Mangel an Selbstsicherheit aufweisend; ängstlich und zögernd. Seite 39.

Schufterei: erschöpfende, langweilige oder unangenehme Arbeit. Seite 10.

schwinden: ständig weniger werden; in der Menge abnehmen. Seite 53.

Schwung: lebendige, intensive Einstellung, Begeisterung oder Energie. Seite 107.

sehnen: ein starkes Verlangen oder einen Wunsch haben nach. Seite 34.

Selbsttäuschung: eine dauerhafte falsche Überzeugung oder Meinung, die Vernunft und Gegenüberstellung mit wirklichen Tatsachen widersteht. Seite 5.

sorglose Haltung: Mangel an Besorgnis über etwas. Seite 75.

Sphäre: ein Bereich von Aktivität oder Tätigkeit. Seite 60.

Spielraum: eine Menge, die oberhalb und unterhalb dessen liegt, was genau genommen notwendig ist, zum Beispiel aus Sicherheitsgründen oder um Fehler, Verzögerungen oder sonstige unvorhergesehene Umstände zu berücksichtigen. Seite 20.

Sport: Spaß oder Spiel. Ein *Sport* ist eine Tätigkeit, die mit körperlichen Fertigkeiten zu tun hat, welche einer Reihe von Regeln oder Bräuchen unterliegen. Sport wird oft im Wettbewerb ausgeübt und macht den Teilnehmern häufig Spaß. Seite 11.

stabil: fest etabliert; solide; dauerhaft. *Stabil* kommt vom lateinischen *stabilis,* was fest, standfest bedeutet. Seite 22.

stabilisiert: in Bezug auf Position oder Ort fester gemacht; von Änderung oder Veränderung freier gemacht. Seite 24.

stammen: aus etwas entstehen oder in etwas seinen Ursprung haben oder durch etwas oder jemanden verursacht werden. Seite 92.

standhalten: gegenübertreten oder mit etwas zu tun haben; konfrontieren oder ins Gesicht sehen. Seite 22.

Stenotypistin: eine Dame, die eine Spezialistin in der Fertigkeit oder Arbeit ist, Diktate in Kurzschrift mitzuschreiben und sie später zu übertragen, zum Beispiel mit einer Schreibmaschine. (*Kurzschrift* ist eine schnelle Methode des Schreibens, bei der man Symbole benutzt, um Buchstaben, Wörter oder Wortgruppen darzustellen). Seite 50.

stößt: kommt während der Bewegung in groben Kontakt mit; schubst und schiebt. Seite 63.

Strafmaßnahmen: etwas, das verhängt wird und mit Bestrafung zu tun hat oder darauf ausgerichtet ist. Seite 60.

Streben: ernsthafter und manchmal gefühlsmäßiger Wunsch. Seite 33.

Strömungen: Verlauf von Ereignissen; ständige oder häufige Veränderung von Kräften. Seite 20.

Sturm: eine Unruhe in der Luft über der Erde, die starke Winde und normalerweise Regen (manchmal mit Blitz und Donner), Schnee, Graupel oder Hagel beinhaltet. Daher jede (heftige) Unruhe oder Umwälzung in politischen, gesellschaftlichen oder inneren Angelegenheiten. Seite 20.

Symptome: Zustände, die etwas begleiten und seine Existenz anzeigen; Anzeichen. Seite 5.

tägliche Tretmühle: Bezieht sich auf (sich wiederholende) tägliche Arbeit, die man sich langweilig, schwierig und ermüdend vorstellt. Seite 35.

Taugenichts: eine faule Person, die Arbeit meidet und danach strebt, nur auf Kosten anderer zu leben. Seite 107.

Terminal(e): etwas, das eine Kommunikation erhalten, übermitteln oder aussenden kann. Dieser Begriff kommt aus dem Bereich der Elektronik, in dem ein Terminal einer von zwei festen Punkten ist, zwischen denen ein Energiefluss erfolgt. Ein Beispiel dafür ist eine Autobatterie, die zwei Verbindungsstellen (Terminale) hat, an denen Energie von einer Stelle zur anderen fließt. In der Scientology heißen zwei Leute, die miteinander kommunizieren, Terminale, weil zwischen ihnen Kommunikation fließt. Seite 85.

titanisch: von gewaltiger Größe, Kraft oder Stärke; riesenhaft. Nach dem griechischen Mythos riesenhafter Gottheiten, Titanen, die danach strebten, den Himmel zu beherrschen, und gestürzt wurden. Seite 67.

Tonskala: eine Skala von emotionalen Tonstufen, die die Stufen menschlichen Verhaltens zeigt. Die Tonskala wird in Kapitel Sechs vollständig beschrieben. Seite 89.

Tonstufe: ein bestimmter geistiger Zustand oder eine solche Stimmung; Einstellung, Eigenschaft oder Laune. Seite 68.

trügerisch goldener Pfad: ein verlockendes Vorgehen oder Verhalten mit wenig wirklichem Wert. Seite 20.

Trugschluss: eine falsche oder irrtümliche Vorstellung, Meinung usw.; ein Irrtum. Seite 12.

tun, es: dienen oder zufriedenstellend sein; genug sein, ausreichen oder angemessen sein. Seite 10.

Tyrannei: eine Regierung, bei der ein einzelner Herrscher die absolute Macht hat und sie auf ungerechte und grausame Weise ausübt. Seite 10.

Überfluss: große Menge; Hülle und Fülle. Seite 37.

überreden: durch sanfte Mittel dazu bringen, etwas zu tun. Seite 88.

umfallen, vor Müdigkeit: im Zustand der Erschöpfung umfallen. Seite 111.

um ihrer selbst willen: ihr zuliebe. Seite 122.

unablässig: ohne Unterbrechung. Seite 7.

unbeirrt: auf feste und entschlossene Art. Seite 29.

unbestimmt: mit mangelnder Gewissheit. Seite 26.

unentbehrlich: wesentlich; etwas, das man nicht loswerden oder entfernen kann. Seite 123.

unerklärlich: sodass man es nicht erklären, verstehen oder begründen kann. Seite 19.

ungeheuer: **1.** schwierig, damit umzugehen; große Geschicklichkeit erfordernd, um es zu überwinden; herausfordernd. Seite 24.
2. von gewaltiger Größe oder gewaltigem Umfang. Seite 91.

ungeschickt hantieren: falsch behandeln; mit etwas unwirksam oder ohne Gewandtheit umgehen; etwas verpfuschen. Seite 35.

Ungeschulter: jemand ohne formale Ausbildung oder Unterweisung. Seite 6.

Unmenge: eine riesige Zahl; eine riesige Quantität. Seite 7.

Untergebene: Leute unter der Autorität oder Kontrolle von jemand anderem in einer Organisation. Seite 55.

Unwissenheit: der Zustand, nicht zu wissen. Seite 12.

verabscheuen: intensiv nicht mögen; hassen. Seite 39.

verachtet: jemanden mit äußerster Missachtung zurückgewiesen haben, manchmal mit der Idee, auf ihn herabzusehen. Seite 6.

veraltet: nicht mehr verwendet oder nützlich; überholt, altmodisch, unmodern usw. Seite 56.

verborgen: verheimlicht oder versteckt; verdeckt. Seite 46.

Verbot: etwas, das jemanden daran hindert, davon abhält oder ihn entmutigt, etwas zu tun; Regeln oder Gesetze gegen etwas. Seite 35.

verdammen: jemanden hart kritisieren oder verurteilen. Seite 70.

Verfügungen: Anordnungen eines Gerichts oder einer sonstigen Autorität, durch die eine bestimmte Handlung verboten wird. Seite 34.

verknüpft: im übertragenen Sinne, in enger Beziehung stehend oder zusammenhängend; untrennbar verbunden. Seite 34.

verletzt: im übertragenen Sinne, beschädigt oder geschädigt; eine schlechte oder unangenehme Wirkung verursacht. Seite 63.

Verleumdung, böswillige: eine falsche und absichtlich schädliche Aussage, durch die jemandes Ruf geschädigt wird. Seite 8.

vermasselt: schlecht ausgeführt; ungeschickt gemacht. Seite 22.

Vermittlung: jemand, der Telefonanrufe beantwortet und mit der richtigen Person oder Abteilung verbindet. Seite 53.

Vermögen: großer finanzieller Wohlstand oder materielle Besitztümer. Seite 122.

verringern: zu etwas vermindern oder verkleinern, das man sich als angemessene Stufe der Bedeutung, des Formats usw. vorstellt; abschwächen, reduzieren. Seite 8.

Verrücktheit: Unfähigkeit oder Weigerung, die bestehende Realität anzunehmen oder Folgen vorherzusehen; ein Mangel an Sinn oder vernünftigem Verhalten; Torheit. Seite 33.

verschlimmert: in eine negative Richtung gesteigert, hinzugefügt oder verstärkt. Seite 105.

verstanden, gründlich: perfekt beherrscht oder gelernt. Seite 25.

verstrickt: verwickelt in eine schwierige Situation oder einen schwierigen Zustand, dem nur schwer zu entkommen ist; eingefangen. Seite 52.

Vertieftsein: der Zustand oder Umstand, die völlige Aufmerksamkeit von jemandem zu fesseln oder die gesamten Aktivitäten eines Menschen in Anspruch zu nehmen. Seite 7.

verurteilt: stark missbilligt. Seite 7.

Verurteilung: die Bestrafung oder das Schicksal von jemandem festlegen. Seite 5.

Verworrenheiten: komplizierte Einzelheiten oder Elemente. Seite 53.

verzogen: vom wahren, natürlichen oder richtigen Verlauf oder der Richtung weggewendet. Seite 105.

verzweifelt: dem Schlimmsten fest entschlossen oder mit unverrückbarer Zielsetzung gegenüberstehend; eine letzte, äußerste Anstrengung aufbietend; alles gebend. Seite 124.

Vorarbeiter: jemand, der für eine Gruppe von anderen Arbeitern verantwortlich ist, zum Beispiel an einem Bauplatz oder in einer Fabrik. Seite 5.

Vorgesetzte: Personen, die einen höheren Rang haben; auch diejenigen, die über mehr Erfahrung als andere verfügen. Seite 6.

Vorstand: eine offizielle Gruppe von Leuten, die eine Unternehmung lenken oder beaufsichtigen; diejenige Gruppe von Leuten, die dafür verantwortlich sind, eine Firma oder Organisation zu kontrollieren und zu organisieren. Seite 5.

Vorteil: eine verbesserte Position. Seite 8.

„warten, dass sich etwas ergibt": Bezieht sich auf eine Lebensphilosophie, die von der Figur Wilkins Micawber aus dem bekannten Roman des neunzehnten Jahrhunderts *David Copperfield* des englischen Schriftstellers Charles Dickens (1812-1870) dargestellt wird. Micawber, ein Freund von Copperfield, bringt viele Ideen vor, um Reichtum herbeizuführen, und obwohl seine Versuche scheitern, gibt er nie auf und bleibt sicher, dass sich etwas „ergeben" wird. Seite 21.

wässrig: an Wasser erinnernd, insofern als es dünn, blass oder flüssig ist. Seite 94.

Wechsel: eine schriftliche Anordnung, die von einer Person, Bank, Firma usw. herausgegeben wird und mit der die Zahlung von Geld an einen anderen angewiesen wird. Seite 88.

Weiser: kenntnisreiche und erfahrene Person. Seite 6.

weitreichend: umfassend in Ausdehnung oder Auswirkung; allgemein. Seite 14.

Weltwirtschaftskrise: ein ungeheurer Rückgang der Weltwirtschaft, der in den Vereinigten Staaten anfing und zu Massenarbeitslosigkeit und weit verbreiteter Armut führte. Sie dauerte von 1929 bis 1939. Seite 39.

westlich: bezogen auf die Länder und Menschen Europas und Amerikas. Seite 14.

wiederherstellen: wieder in einen guten Zustand oder in Betrieb setzen. Seite 53.

willkürlich: ein Vorgehen betreffend, das ohne bestimmten Grund, Methode oder Muster durchgeführt wird oder erfolgt. Seite 7.

Wirtschaftskrise: eine Zeit mit zurückgehender Wirtschaftstätigkeit, steigender Arbeitslosigkeit, fallenden Preisen und Löhnen usw. Seite 19.

Wissenschaft: Wissen; Verständnis oder Verstehen von Fakten oder Grundsätzen, die unterteilt sind in Arbeit, Leben oder die Suche nach Wahrheit und in diesen Bereichen zur Verfügung gestellt wird. Eine Wissenschaft ist ein zusammenhängendes System demonstrierbarer Wahrheiten oder beobachteter Fakten, die systematisch organisiert und unter allgemeinen Gesetzen miteinander verbunden wurden. Sie beinhaltet zuverlässige Methoden zur Entdeckung neuer Wahrheit innerhalb ihres Bereichs und bezeichnet die Anwendung wissenschaftlicher Methoden in Studiengebieten, die zuvor nur für Theorien als zugänglich angesehen wurden, die auf subjektiven, historischen oder nicht demonstrierbaren, abstrakten Kriterien basierten. Das Wort *Wissenschaft* wird in diesem Sinne verwendet - der grundsätzlichsten Bedeutung und Tradition des Wortes - und nicht im Sinne der *physikalischen* oder *materiellen* Wissenschaften. Seite 1.

Witwe: eine Frau, deren Ehemann gestorben ist. Seite 33.

Wohlfahrtsstaat: ein politisches System, in dem eine Regierung die Hauptlast für ihre Bürger übernimmt, wie zum Beispiel, indem sie sie direkt bezahlt, wenn sie keine Arbeit haben, oder indem sie ihre gesundheitlichen Erfordernisse finanziell unterstützt. Seite 33.

Workingness: der Zustand, die Qualität oder das Ausmaß des Arbeitens (engl.: work); das Ausführen körperlicher oder geistiger Anstrengung oder Tätigkeit, die auf Produktion oder das Erreichen von etwas gerichtet ist. Seite 12.

XY-Firma: ein ausgedachter Name für eine Firma. Seite 6.

zähneknirschend: seine Kraft zusammennehmend, um etwas Unangenehmem gegenüberzutreten oder eine Schwierigkeit zu überwinden. *Knirschen* wird hier sowohl in dem Sinne verwendet, die Zähne zusammenzubeißen, als auch so, sie mit Anstrengung aneinanderzureiben. Seite 21.

Zahnräder: Räder, die Zähne aus Hartholz oder Metall haben, die sich zwischen die Zähne eines anderen Rades schieben, sodass diese ineinandergreifen. Wenn sich das eine Zahnrad dreht, wird das andere mitgedreht und so die Bewegung übertragen, um die Maschine anzutreiben. Im übertragenen Sinne verwendet, um einen einzelnen Arbeiter auf die Art zu beschreiben, dass er eine kleine Funktion in Bezug auf das größere Ganze der Industrie oder der Firma ausführt. Seite 7.

zerschlagen: etwas durch Schlagen beschädigen, zertrümmern. Im übertragenen Sinne verwendet. Seite 122.

Zufall: ein Umstand, der zufällig hervorgebracht wird und bei dem man Glück hat oder sich glücklich schätzen kann, wie zum Beispiel bei *„der Zufall, als was man geboren wird"*. Seite 5.

Zufälligkeit: Unsicherheit oder Unvorhersagbarkeit. Seite 15.

Zufälligkeiten: Dinge, Ereignisse, Situationen, die unerwartet, unbeabsichtigt oder zufällig auftreten. Seite 7.

Zuflucht nehmen: auf jemanden oder etwas in Zeiten der Not zurückgreifen; um Hilfe oder Unterstützung bitten. Seite 21.

zurückgeschlagen: die entgegengesetzte Wirkung dessen gehabt, was erwartet worden war. Seite 97.

zurückscheuen: sich zurückziehen oder vermeiden. Seite 109.

zurückweichen: sich zurückziehen, wie zum Beispiel vor einem Schlag, einer Schwierigkeit usw. Seite 77.

zusammenhängen: mit etwas zusammen auftreten, sich daraus ergeben oder daraus folgen. Seite 113.

zuschreiben: als durch etwas verursacht oder sich daraus ergebend betrachten. Seite 52.

Zwang: Druck durch Drohung oder Gewalt (aufgrund von Notlage). Seite 33.

Zwecke: beabsichtigte oder erwünschte Ergebnisse; Absichten; Ziele. Seite 26.

zweifellos: ohne Zweifel, bestimmt. Seite 87.

zynisch: Merkmal eines Menschen, der eine schlechte Meinung von der Menschheit hat; der Ehrlichkeit oder Rechtschaffenheit des Menschen misstrauend. Seite 5.

Stichwortverzeichnis

B

J

K

N

O

P

R